Lothar Heinicke

Aus einem verschmitzten Mund-Winkel

mehr- oder weniger schelmische Notizen

Herstellung und Verlag:
BoD – Books on Demand Norderstedt
ISBN 978-3-7386-0672-0

Der Bereitschaft gewidmet,
beim Lesen eines Buches
das Lesen in uns selbst zu erfahren.

Prolog

Vielen Düften fehlt es einfach an der passenden Nase,
um sich richtig entfalten zu können –
ein Gedanke, der sich auch auf das Gehirn umdenken ließe.

federleicht

Es fing ganz harmlos an,
als er sich seiner selbst entsann,
man hielt ihn für verspielt,
als er sich so verhielt –
das eben macht die Feder aus:
sie ist in einem Hauch zu Haus,
wer sich dem Winde aufgeladen,
kommt dabei nicht zu Schaden –
die Führung sich beweist
an einem, der verreist,
und eine Feder, wenn sie auf der Strecke,
erweist sich so an ihrem Zwecke –
man soll sich einfach treiben lassen,
will man im Lassen treibend sich erfassen.

Eseleien

Ein Esel ist dem Glück verschworen –
man sieht es an den langen Ohren,
und auch die Eselin
erfährt dies Merkmal als Gewinn,
denn auch das weibliche Geschlecht
wird diesem Sinn gerecht –
was man sich als Gehör geschenkt,
wird vorher durch ein Ohr gelenkt,
ganz klar, dass man als Eselsohr beteiligt war,
denn auf die Größe kommt es an,
ob man als Ohr was hören kann –
was man im Munde führt,
sich später in ein Ohr verliert,
und eh man's recht bedenkt,
wird einem so Gehör geschenkt,
wie wunderbar, dass noch ein Kopf dahinter war –
erst neulich schien mir die Sache sehr erfreulich –
doch kommt es auf den Standpunkt an,
ob man als Ohr was hören kann,
das Ohr, als Instrument,
ist oft von seinem Kopf getrennt,
denn Widerstand ist auch mit einem Kopf verwandt –
man stelle sich mal vor:
ein Ohr, das seinen Kopf verlor –
man wär dem Vakuum verpflichtet,
wenn man von einer Welt berichtet,
und sinnentfremdet wär man als Ohr verwendet
und stände als defekte Leitung
bald leidgeprüft in einer Zeitung,
die gerne und mit Stolz
von einem Kopf erzählt aus Holz –
zum Abschluss sei da noch gesagt:
Ein Ohr hat sich sehr oft geplagt,
was einem Kopfe zugedacht,

scheint dort nicht immer angebracht –
doch meist hat eine Eselei als solche einen mit dabei.

Theater

pro domo unisono: Ein Haus in eigner Sache
sich gern einmal gesanglich mache,
und auch der Mensch wird erst vollkommen,
wenn er vermehrt dran teilgenommen –
es zeigt uns die Applauserscheinung
schlussendlich denn auch diese Meinung,
dass man vereint wo hingehört,
wenn einen der Gesang nicht stört –
die Kunst eint manchen Brudersitz mit Geist und Witz,
was sich im Saale aneinanderreiht,
wird selten durch die Kunst entzweit –
reihein, reihaus sitzt man in diesem hohen Haus,
und wenn auch ranglich oft verschieden,
hat Kontroversen man zumeist vermieden –
so oben, wie so unten, hat man sich doch recht nett befunden,
Begeist'rung, wenn man sich ihr zugeneigt,
zeigt sich im Raume sehr verzweigt –
wenn man mit anderen das Gleiche meint,
wird man im Lied vereint,
und eine Aura voller Glück
zerteilt so manches Missgeschick,
man wird, was kaum zu fassen,
in eine bess're Welt entlassen –
ein Haus, wenn es ein Lied verschönt,
wird auch dem Publikum versöhnt.

---

hündisch

Man hat auf allen Vieren
wort-wörtlich nicht viel zu verlieren –
wenn man rein äußerlich zum Hund bestimmt,
man das auch meist verbal vernimmt,
was man gebellt dort hören kann,
stellt nicht viel Überlegung an:
es zeigt sich wiederholt im Laute,
wie schon der erste sich erbaute,
die Kette, die sich reihig zeigt, ist sich so zugeneigt,
fängt wo ein Hund zu bellen an,
folgt gleich die Antwort, drauf und dran –
ein Hund, wenn im Revier,
ist nie so ganz alleine hier,
aus jeder windgerosten Richtung
empfängt man eines Hundes Dichtung,
es ist ein rechtes Hundeleben
weitläufig seinem Laut ergeben,
weil gern sich hörbar macht,
was sich so lauthals zugedacht –
auch ist man sehr verständlich,
ist man als Hundelaut verwendlich:
„Wau, wau", sagt auch die Hundefrau,
so dass der Hundemann
sie sehr gut fern verstehen kann –
die Lautvernetzung
kennt keine Schwierigkeit der Übersetzung,
die Grenzen werden weithin überwunden,
hat man sich hündisch eingefunden –
wie traut erhebt sich solch ein Ton,
hundmundig wie ein Megaphon,
und allem ist vorangestellt
die Seligkeit der Hundewelt –
so pflegt man sich als Hin und Her

leichtzüngig und als Grenzverkehr,
freieuropäisch als Gedanke fällt jede Hundeschranke,
ein Reich, ein Volk von allen Hunden
macht nächtlich seine Überstunden –
wie ist es schaurig schön,
in dieser Form nach Haus zu gehen,
wie ist die Welt vereint verbrüdert,
wenn sie sich gleich im Laut erwidert –
es klingt die Seligkeit uns im Verein:
Hier bin ich Hund und darf es sein.

Brauchtum

Ein Strick hing seinen Gedanken nach,
als er vom Galgen sprach –
er sprach vom Wiederkommen
und einem, der das ernst genommen –
ein Brauchtum, das von sich Gebrauch gemacht,
ist oft dem Galgen zugedacht,
ich finde, das hat besondere Gründe –
jedoch, nicht jeder, der sich etwas denkt,
wird dafür gleich gehängt,
weil man nicht oft von außen sieht,
was einem Kopfe blüht,
denn ein Gesicht, was schweigt,
wird gerne vorgezeigt –
die Maskerade ist sich für nichts zu schade.

11

Venezia

Es schließt so manche Brücke
als Seufzer eine Lücke –
so jedenfalls ist nachzulesen
bei einem, der mal dort gewesen,
denn es gelingt wohl meist auch gut,
was man als Seufzer einer Brücke tut –
einst kam es einem Gondoliere
als solchem in die Quere,
ein wenig überspannt
und doch mit ihm verwandt,
der nahm das Ganze mit Bravour
und folgte so der eignen Spur –
nur hatte diese, leicht verschwommen,
im Wasser Platz genommen –
gekräuselt, leicht gesäuselt,
legt sie sich oberflächlich an
mit dieser Suche in dem Rudermann –
es war sehr weit zu hören,
was dieses Manns Begehren,
ein Unterhalt, wenn es um seine Kosten geht,
sich oft als eines Mannes Lied versteht,
damit die Frau am treuen Herd
auch etwas von der Kunst erfährt,
wo doch der Mann in deren Diensten steht
und wässrig ihr sein Liedchen fleht –
die Brücke, weil schon länger da,
sehr viel von diesen Sängern sah,
so zeigt sich überbrückt, was einem Sänger glückt –
man sei als Gast auf solches Lied gefasst,
so weit man, was wohl klar, in einer Gondel war.

12

Selbstbildnis

Ein Meister einer alten Gilde
saß lange vor dem eignen Bilde
als Rätselei, ob er wohl das gewesen sei? –
langnächtlich war sein Sitzen sehr be-trächtlich,
und mancher Stern sah dieses Dasein gern –
ein Bild ist zum Verstehn
für diesen Vorgang vorgesehn
und trägt auch dazu bei,
dass man sich selbst der Nächste sei,
natürlich in dem Sinne,
dass man sich selbst dabei gewinne –
der Meister, den die Zeit vergaß,
noch lange vor dem Bilde saß –
nach vielen so gesess'nen Wochen
ward er von einem angesprochen,
der grad vorüberkam,
und den das Bild gefangen nahm –
es bringt oft das Verständnis
im Bildersinne die Verwendnis
und man ist angetan von einem, der es malen kann –
der Wandrer, dem der Platz vollkommen,
hat später daran teilgenommen,
und hat noch lange selbstvergessen
dem alten Meister beigesessen –
ein Bildersegen kommt einem Wandrer sehr gelegen,
soweit ihn der gefangen nahm,
weil er mal grad vorüberkam –
ein Meister wird belehrt,
wenn er als Bild sich widerfährt,
doch auch ein Wandersmann
sich solches leisten kann.

13

konträr

Einstmals, es war so gegen zehn,
begann ein Schläfer aufzustehn,
er zählte zu den Braven,
die gern und lange schlafen,
zuvor noch durch den Traum geeint
und recht zufrieden, wie mir scheint –
es stand geschrieben in den Zügen:
hier blieb grad einer lange liegen –
auch sei noch schnell erwähnt,
dass mundwärts er sehr breit gegähnt,
man merkte gleich, er war's zu frieden,
dass er so lang die Welt gemieden –
der Körper nun emporgereckt,
die Arme länger ausgestreckt,
so nahm er eine Stellung ein,
die solchen falls sehr allgemein,
und auch geräuschvoll, dass er etwas nütze,
erklang ein Seufzer ihm als Stütze –
so ward das Ende einer langen Nacht
geräuschvollendet dargebracht –
Ein Nachbar, der ihn durch das Fenster sah,
war dieser Schau besonders nah,
und kopfreich ward dazu geschüttelt,
weil man dem Augenblick vermittelt –
selbstredend hob denn auch der Nachbar an,
was dialogisch so begann:
„Wo wolle man sich hinverführen,
wollt' man sich an ein Bett verlieren? –
wär nicht des Menschen Weg verloren,
hätt' er sich solchem Schritt verschworen? –
wo wär'n des Morgens Lustgesänge
bei solchen Schlafes überzog'ner Länge?" –
so etwa sprach der Nachbar mit sich selber

und sein Gesicht ward gallig immer gelber,
wie soll man angesichts der Schweinerein
da unbekümmert noch als Nachbar sein? –
dann ward auch noch ins Feld geführt,
dass man sich geldlich dabei ruiniert,
man ist nicht gut finanzbescheinigt,
wenn man den Tag in dieser Form bereinigt –
und außerdem ist sehr skandalbeschwert,
wer eines Nachbars Kummer mehrt –
Ein Wandrer, der sich seitlich aufgebaut,
den Standpunkt dieser beiden schaut,
und als ein weitgereister Mann von Welt,
der gerne etwas Abstand hält,
kam er zu der gekonnten Meinung,
dass beide recht gemäß sich als Erscheinung:
es trägt ein jeder im Visier,
dass er auch für sich selber hier,
vor allem auch, wenn er im Bette,
gefühlsbetont an so besondrer Stätte –
mit dieser jovialen Meinung
entschwand der Wandrer als Erscheinung.

---

stichpunkthaltig

Der Segen war seinem Charme erlegen –
man pflegt, was man sich zugelegt –
Stich-Punkt-haltig wird eine Nadel selbstgestaltig –
ein Schneider denkt da noch weiter,
ihm alle Ehre gebührt, wenn was sich an den Stoff verliert –
man schau sich den Gesprächsstoff an
und den, der diesen ausersann.

---

von draußen rein

Ein Horch, das kommt von draußen rein,
möcht gern in einem Ohre sein –
das Ohr, als Resonanzbehagen,
darf solcherlei dann weitersagen –
ein Horch, wenn es das Ohr passiert,
wird weiter an sein Ziel geführt:
es ist die Tragik einer Stelle,
dass man sich gern hinzugeselle,
denn weiter hinten
ist ein gesellig Plätzchen wohl zu finden,
und angereichert
wird mancherlei gespeichert –
ein echter Schatz
verdingt sich einem Platz,
damit der Sucher sah,
dass man schon länger da –
es ist doch klar,
dass man hier auffindbar.

Der Ton-Fall

„Versteh mich recht", sprach einst zum Baum der Specht,
„nicht jeder, der sich mit dem Kopfe schindet,
hier auch Verständnis findet" –
dass er was Recht's draus mache,
obliegt dem Baum nun diese Sache,
laut jedenfalls schallt seine Antwort durch den Wald,
wie gut, dass wenn sich einer schindet,
man auch die rechten Worte findet –
der Specht, als er den Ton bemerkt,
fühlt sich auf seine Art doch sehr gestärkt,
nun platzt ihm das Verspäten gewusst aus allen Nähten –
manch einer, wenn er Zimmermann,
den Span aus Holz ersann –
wie doch die Späne fliegen,
will man sich selbst besiegen –
bewundernswert ist einer, der sich selbst bewährt.

Der Dinge Lauf

Zwischen Gestern und Morgen will sich das Heute be-sorgen,
für-sorglich wird so aufbewahrt, was in der Zeit gespart –
Erkenntnis, die sich theoretisch übt,
ist in die Zeit verliebt
und praxisnah bald wieder da –
rein theoretisch faktisch wird man dann später praktisch,
damit der Lauf der Dinge sich auch zuwege bringe.

Die Gang-Art

Gleich um die Ecke wohnte eine Schnecke,
so recht possierlich und amüsierlich
aus einer Tradition heraus mit einem Schneckenhaus –
(und überdies, dies Haus nie anders hieß)
ein altes Thema, wieder ausgekramt
und als ein Bild gerahmt –
so jedenfalls sah es ein Abermals,
dem lange klar, dass es von damals war –
so pflegt sich die Geschichte
in ihrer ganz besondren Dichte:
Das Haus auf jeden Fall mit dem bekannten Drall,
so schneckengängig sich verjüngend
und somit an ein Ende bringend,
wie schon betont aus einer Tradition das so gewohnt –
und immer war da dieser Dreh mit diesem Drall
als einer Schnecke ganz besondrer Fall,
ansonsten wohl kaum wahrgenommen,
wär' nicht die Sache mit dem Wiederkommen,
gleich um die Ecke und in dieser Form,
die Schnecke fand das ganz enorm –
ich fand es auch, dass eine Schnecke solches findet
und sich zu dieser Meinung überwindet –
nicht dass sie jemals davon sprach,
sie ging nur ihrer Nase nach,
doch heimlich hat sie um die Sach' gewusst,
ganz einfach, weil in dieser Form gemusst,
denn Wissen muss man müssen,
man täte sonst nichts wissen –
aus diesem Sinn heraus
sah unsre Schnecke sehr behäbig aus
mit dem gedrehten Schneckenhaus,
man weiß doch, was man hat,
hat man, was man noch weiß –
so jedenfalls ging diese Schnecke auf die Reis'

18

als Produzent von einer Spur,
die man hier schleimig nennt –
es regelt sich der Schneck-Verkehr
von diesem Schleime her,
was sich bewegt von Ort zu Ort,
kommt manchmal auch durch Schleimen fort –
wenn es an rechten Beinen fehlt,
man sich dann dieser Form vermählt,
man sei darüber nicht ergrimmt,
wenn nur die Richtung stimmt –
bis jetzt hat jeder Weg dort hingeführt,
wo man dereinstens hergerührt –
letztendlich uns die Ankunft zeigt,
dass man dem Ziele zugeneigt –
so beispielsweise auf einer schneckverschleimten Reise.

Unisono

Ein Frosch sang sein Gequak den ganzen lieben Tag,
ihm ward nicht bang, obwohl das Lied sehr lang –
dem andern angeglichen, ist jeder Ton von ihm gewichen,
einsilbig quak besang er seinen schönen Tag
und ward von seinen Anverwandten recht wohl verstanden,
denn alle hatten eine Spur von seiner Froschkultur –
da sieht man's wieder: die Gleichen haben gleiche Lieder –
wie schön das klingt, wenn alles unisono singt.

---

heimisch

Ein Stall ist unter aller Sau,
bewohnt ihn eine Schweinefrau –
an dieser Schweinedame
bewährt sich so ein Stall als Name –
ein Stall muss sich beweisen
an dem, was man ihm namentlich geheißen,
so wird man registriert,
wenn man als Schweinestall geführt –
ein Schwein muss brav zu Hause bleiben
als das, was es sich zuzuschreiben,
und ist dann quietschvergnügt,
wenn es mal Ferkel kriegt,
denn froh ist eine Ferkelei,
hat sie den Stall dabei –
und außerdem ist der Geruch sehr angenehm,
wenn man am Busen seiner Mutter liegt
und dabei in den Himmel fliegt –
man sieht, man kann mitnichten
auf diesen Stall verzichten,
weil es so schön gemütlich ist,
wenn man in seine Ecke pisst,
denn eine Welt gefällt,
wenn man in dieser Ordnung hält –
sehr heimisch wirkt ein Herd,
der uns geruchlich widerfährt,
damit er uns das selber sage,
tritt er in einem Stall zutage –
man wird traumatisiert,
wenn man den Schweinestall verliert,
weil man am liebsten dort verkehrt,
wo man dazugehört:
man grunzt mit Lustgewinn
gemütlich vor sich hin,
entdeckt im Heim den tiefern Schweinesinn,

damit man dann in Bälde von ihm vermelde,
denn man wird angeregt
von dem, was man im Innern pflegt –
so mancher sich erklärlich findet,
der sich zu einem Saustall überwindet ,
wie wunderbar, dass man in solchem Stall zu Hause war,
denn freudig dringt der Ruf uns ein:
Hier bin ich Schwein und darf es sein.

Die Schräge

Ein wenig schräg die Lage,
so trat ein Dach zutage,
woraus zu schließen,
es geht ums Fließen –
so wie der Zahn an einer Säge,
pflegt auch ein Dach die Schräge,
die Lage zeigt sich zugespitzt,
wenn man sie so besitzt –
es dienen die Bereiche
als Lage zum Vergleiche:
der Regen sich besinnt
auf das, was von ihm rinnt,
der Säge Überlegenheit
steht nur in einem Zahn bereit –
ein jeder findet wunderbar,
was an ihm etwas anders war,
und stolz wird vorgewiesen,
worauf bei andern nicht zu schließen.

---

dennoch

Ein Vöglein, das auf einer Rute saß,
sehr schnell, weil bald, den Leim vergaß –
obwohl es dort sehr angebunden,
hat dennoch es zum Lied gefunden,
man sieht, ein Lied heilt auf der Stelle,
wenn man sein Bruder und Geselle,
ein Lied, das so gesungen,
ist manchem in sein Herz gedrungen –
ein Vogel meist bedürflich ist,
wenn er sich in sein Lied vergisst –
was man als Lied vermag,
bringt erst die Rute an den Tag,
man horche auf, sitzt wo ein Vogel drauf –
die Stellung ist oft ungewöhnlich,
wird man als Lied versöhnlich –
ein Platz, wenn ausgewählt, oftmals den Sänger quält,
auch ein Gefangnenchor stellt schöne Lieder vor –
man sitzt als Amplitude sehr oft auf einer Rute,
wie wunderbar, wenn man dabei ein Sänger war,
und was dabei noch ausschlaggebend:
Gesanglich wirkt ein Lied erhebend,
imaginär fliegt mancher seinem Liede hinterher,
auf fernen, weit gereisten Winden,
kann man die beiden wieder finden –
man hört es immer wieder:
Die wahre Freiheit kennen nur die Lieder,
ein Vogel, der sich auf den Leim gegangen,
hat bald zu singen angefangen,
und eigentönlich wird er sich so versöhnlich,
des Liedes Fülle zeigt: Er war der Rute zugeneigt.

U(h)r-pünktlich

Ein Zeiger läuft um seine Uhr
auf seiner hergebrachten Spur,
und immer muss er hingelangen,
wo er schon einmal angefangen –
dies Gleichnis zum Beweise
von eines Zeigers Reise –
dem Zeiger ist auch zugedacht,
dass er wo angebracht,
was er sich eingesteht
ist dieser Punkt, um den er sich gedreht,
und auch der Zahlen jegliche Reihe
empfängt des Punktes Weihe –
urpünktlich hält die Zeit
gezeigt uns sich bereit,
woran denn abzulesen,
dass man dabei gewesen –
wenn nötig, ist man sich selbst erbötig,
das Angebot der Stunde
trägt stets die Zeit im Munde –
die Welt verspricht sich viel
von diesem Zeitenspiel –
urzeitlich macht die Zeituhr klar,
woran man mit sich selber war.

Der Streich

Ein Streich verspielte sich an einer Geige,
damit er dieser etwas zeige,
die Geige fühlte sich geschmeichelt, als sie gestreichelt –
dies war mir neulich zu Ohren gekommen,
als ich ihr Lied vernommen –
der Bogen, der daran beteiligt war,
fand die Geschichte wunderbar,
man merkt doch gleich: ein Streich macht eine Geige reich,
ein Bogen, wenn er auf den Strich gegangen,
hat bald zu singen angefangen –
ich fand, dass allen das gut stand:
ein Hin-und-her gibt die Gewähr
für das Nun-geht's-nicht-mehr,
der Bogen es beweist, wenn er die Geig' bereist –
so nebenbei das Lied dort seine Existenz bezieht,
die Geige ist mit ihrem Bogen auf solches Lied bezogen,
beziehungsweise auf eines Liedes Reise –
man sieht wie vieles doch dazugehört,
wenn uns ein Lied betört,
Klang reimt sich auf Gesang ein Leben lang –
es scheint erwähnenswert,
wenn man auf einer Geige fährt,
ein Hin, das in sein Her verliebt,
sich gern auf einer Geige übt –
wie wunderbar, wenn man daran beteiligt war.

Die Schale

Es ist wohl kaum zu glauben:
ein Habicht mischte sich unter die Tauben
und ganz in Weiß bekam er dort den ersten Preis,
dieweil er in der Welt ward ausgestellt –
die Welt, der meist das Außen gut gefällt,
sie traf an einer Verkleidung ihre Entscheidung,
das lag halt an der Zubereitung –
dem Vogel, wenn er nur geschickt,
ist bald der große Wurf geglückt –
man sieht bei solchen Herrn die Schale, nicht den Kern.

---

außen dran

Ohne Frage, man tritt nur an sich selbst zutage,
als Litfaßsäule ist man stets in Eile,
es hebt, wenn man sich bunt beklebt,
so ist gut abzulesen, wo wieder mal was losgewesen –
man schaut sehr gerne an, was außen dran,
es wäre widerwärtig, wär' man nicht außen fertig,
es liebt die Haut, was außen aufgebaut –
man misst die Welt an dem, was sichtbar ist.

Die fragliche Frage

Man hat als Huhn oftmals mit sich zu tun,
begründet als vom Segen und vom Eierlegen –
die Frage ist nur die:
Wie wird das Huhn zur Frage und zur Eiablage
und wo, in aller Welt, ist der, der diese Frage stellt,
denn eine gut gestellte Frage trifft man nicht alle Tage
in dieser Welt, die sich als Frage nicht sehr oft gefällt? –
die Suche als Gewinn stellt man als selbstverständlich hin
und auch, dass man sich hat an sich und seiner Statt –
jedoch, die Frage ist sehr unbequem
und deshalb nicht sehr oft geschehn –
als Selbstverstand ist es verständlich,
dass man sich hat und das verwendlich:
Die Glucke sitzt auf ihrem Ei
und fragt nicht, was das Brüten sei,
es fragt ein Huhn nicht den Verkehr
nach seinem Hin und seinem Her –
der Zufall wollte es nun mal,
dass man als Ei in einem Wartesaal,
und dass man als Gesäß auf diesem sitzt
und läng're Zeit darüber schwitzt –
doch immerhin – das Ganze bringt Gewinn
und findet statt, damit man etwas davon hat –
der Frage es gefällt, dass man sie irgendwann mal stellt,
es stellt sich etwas darauf ein,
mit dem man etwas auch gemein,
gemeinhin nennt man dieses Etwas Sinn,
damit man diesem etwas abgewinn' –
die Frage, wenn sie ex'tenziell geführt,
fragt meist, ob man wo hergerührt
und ob die ganze Eierei
der Sinn und Zweck des Lebens sei,
denn oft wird solch ein Ei gekocht,
bevor es mehr mit sich vermocht –

was sich als Leben spendet,
wird oft in einem Topf verwendet,
der dann in einem Eierland
erdacht sich zur Verfügung stand –
so wird der Lebenslauf beendet,
bevor er seinen Sinn gespendet,
das Stellen einer Frage
tritt so nicht mehr daran zutage,
eh man sich recht erklärlich findet,
man sich mit einem Magen schindet,
man wird verdaut,
eh man erst recht mit sich vertraut –
der Magen ist als Teilobjekt
in einem Größeren versteckt –
man sieht, die Kette setzt sich weiter fort,
gehorcht als Folge sich aufs Wort
und endet, wo man als Anfang sich verwendet –
was mit dem Ende spielt,
ist das, worauf man abgezielt,
und dann, Gott sei's geklagt,
die Frage hat es schwer,
die nach sich selbst gefragt.

Mit Bedachtsamkeit

Als Hund zu nächtlicher Stund' –
und Hand aufs Herz, das Ganze war kein Scherz:
ein seltsam' Ding ihm da vorüberging,
dem Hund verschlug's die Stimme im bösen Grimme,
die bodenständig ansonsten sehr lebendig –
(manch einer, der in sich verliebt,
hat plötzlich einen Schreck gekriegt) –
ein Ferkel, von Figur geraten,
ging ihm vorüber, schon gebraten –
der Hund stand vor der Alternative,

ob er sich weiter auf sich selbst beriefe,
oder ob er, bequem und faul,
sich stopfe damit das eigene Maul –
so mancher, der des Nachts nicht schlief,
sich dabei auf sich selbst berief,
die Frage wird verpflichtet,
wenn man sie an sich selbst gerichtet,
und wenn man kann, hält man um eine Antwort an –
ein jeder, der sich selbst befragt,
hat dieser dann auch zugesagt,
liegt's doch im eigenen Int'resse,
dass man sich dabei nicht vergesse,
denn wissenschaftlich ist erwiesen,
dass uns die Ferkel oft verdrießen,
vor allem, wenn uns aus dem Rücken
das Messer und die Gabel blicken –
was einlädt, ist perfekt,
wenn man die beiden noch entdeckt,
denn scheibchenweise geht solch ein Ferkel auf die Reise,
obwohl es als Instanz dem Auge ganz –
ein Auge, das ein Ferkel sah, ist dem Versehen nah,
vor allem, wenn es zweckentfremdet
sich mit Be-steck verwendet –
das eben ist der Trick von einem Missgeschick:
es zeigt sich zu gegebner Stunde
vor einem so verführten Munde,
und man bedenke, so man denken kann,
dass an dem Mund ein Hund noch dran,
der, wenn man ihn verführt,
von innen dann das Elend spürt –
meist hat ein Mund, der einen Hund besessen,
sich diesen viel zu voll gefressen –
man schau' dem Hunde, wenn er faul,
gleich kurzer Hand aufs Maul,
denn dort liegt mancherlei als Quelle,
damit der Hund sich dran erhelle –
so mancherlei wird dort geduldet,

was später dann den Hund verschuldet –
nicht nur dem Gaul beschaue man das Maul,
auch einem Hunde verwahrt sich dort die Kunde,
dass weiter hinten beträchtlich' Ungemach zu finden,
denn allezeit verführt der Mund zur Lüsternheit –
die Lefzen, wenn vom Speichel ächzen,
geoffenbaren ein Geschäftsverfahren,
der Speichel, wenn er ausgebreitet,
hat sich gedanklich vorbereitet –
dieweil das Auge sah, ist ihm auch der Gedanke nah,
und den Gedanken, wenn er ausgeführt,
dann bald der Speichel ziert –
wie wunderbar, dass dabei noch die Zunge war,
die man, wenn sie bespeichelt,
mit manchen Dingen streichelt –
ein hohler Zahn, der nebenan,
hat auch noch etwas abgekriegt,
wenn ihm an solchen Dingen liegt –
ein Mund, in heiliger Symbiose,
gereichte so dem Hund zum Schoße,
und man versteht, worum es einem Hunde geht –
ein Ferkel, wenn mit Span gedacht,
wird nicht umsonst ihm dargebracht –
wie wunderbar, dass ihm die Nacht so dunkel war.

---

inkognito

Erst neulich fand einer sich im Land erfreulich –
so ländlich sittlich, sittlich ländlich
wird mancher für sich selbst verwendlich –
wie man sich doch ergänzt,
wenn man sich ein- und ausgegrenzt –
spontan sind diese Fördermittel
aus dem gegebnen und dem eignen Drittel –
das Drittel, das noch übrig bleibt,
scheint einem Höhern einverleibt –
manch einer war ver-wundert,
als er von diesem aufge-muntert –
so jedenfalls steht es geschrieben
in einer Schriftform, die davon verblieben –
auch stand da noch zu lesen,
dass einer einst dabei gewesen,
nur namentlich ging nicht daraus hervor,
wer sich in diesen Zweck verlor –
so rätselt man noch heute
im Kreise der gewissen Leute,
die sich der Sache zugestanden
und deshalb sehr gekonnt vorhanden –
meist geht man in Bekennerkreisen
auch zuerkannt auf Reisen –
wenn man sich engagiert beachtet,
man sich im Engagement betrachtet,
so rein als Folge der Erscheinung
und im Besondren einer Meinung –
so stand der Name als Inkognito
noch immer in sich selber froh
als kluggebrauchtes Schweigen,
um sich nicht in der Welt zu zeigen –
was man auch sehr verständlich findet,
wenn man sich weltlich dazu überwindet –
so führt denn unser Freundeskreis

nur einen ew'gen Selbstbeweis,
und namentlich das letzte Drittel
betont man zum Gebrauch der Mittel –
wohl ahnt so manche der vorhandnen Damen
ein Raunen am verschwiegnen Namen,
und flüsternd reist die dunkle Kunde
von einer einst gelebten Götterstunde
mit Fug und Recht intuitiv zum weiblichen Geschlecht –
jedoch, es scheint dem Namen wünschenswert,
dass er sich davon abgekehrt,
und unergründlich ruht sein Schweigen,
um sich in seiner Stille vor sich zu verneigen.

---

angekommen

Ein Eremit, der sich von innen sah,
war seiner Geige nah,
in Lausch und Bogen
war er dem Spiel gewogen,
sein Ohr sich ganz in dieses Lied verlor –
ein Wandrer, der vorüberkam,
dies seltsam Lied vernahm,
es sang von Wiederkehr von sehr weit her
und er verstand, dass er damit verwandt –
ein Lied, das nur für sich gespielt, ist tief gefühlt,
man merkt sogleich, in ihm erklingt ein Himmelreich –
ein Wandrer, der dies Lied vernommen,
ist endlich angekommen.

Der Schauer

„Oh je", so sprach verkannt die Näh´ –
zwei Worte – aber ach, wo bleibt das Urteil, das vom Fach? –
ein Meister, der die Worte sah,
war sich und diesen Worten nah,
nie hab´ ich einen Meister so verständnisvoll gesehen,
wie diesen bei den Worten stehen,
mir fehlen fast die Worte bei diesem Meister vor dem Orte –
mit sehr verständnisvoller Miene
bestand er diesen Stand auf dieser Bühne,
sein Kopf tat sich mit Nicken in diese seine Lage schicken,
wie hat man doch gekonnt genickt,
wenn man sich so geschickt beglückt –
die nun schon angestaute Menge
besah des Nickens wohlgekonnte Länge –
der Augenbrauen hochgezogner Knick
verriet des Schauers gut durchdachten Blick –
Betrachtung zeigt betrachtend klar,
dass das der Blick von einem Meister war –
nachdem die Meisterschaft bekannt,
hat unser Meister sich nun abgewandt,
die Menge fiel bald auf die Knie,
wie es der Status ihr verlieh –
gottlob, als sie sich dann erhob,
war unser Meister schon entwichen
und in ein Fernesein verblichen –
die Menge war gerührt, weil unser Meister nun entführt,
nur die Erinn´rung war hier noch am Raunen
in dieser Menge und im Staunen –
man sieht, man hat es weit gebracht,
wenn man nicht viele Worte macht.

Der Schreck

Der Schreck war wohlgelungen,
als er sich in die Knie gezwungen,
man sich so recht gehört,
wenn man sich in die Beine fährt –
ein Floh, der diesen Dingen nah,
sich diese Welt besah,
er kam letztendlich zu dem Schluss,
dass alles reiner Selbstverdruss,
und dass man gut gelungen,
wenn man das Ganze übersprungen –
doch hat nicht jeder, der sich hier gewann,
solch flottes Sprungbein dran
und kriecht als Schnecke seines Lebens Strecke –
trotzdem ist wohlbeschneckt,
wer sich so aus-gestreckt –
man sehe diese Schmach
dem Tierchen nach,
denn auch der Schleim
hat seinen ew'gen Keim,
nur kommt es darauf an,
ob man sich diesen leisten kann –
schon mancher ist hier abgeblitzt,
wenn er im eignen Schleime sitzt.

Die Chance

Woran man wohl bemerkt, dass man verzwergt? –
vielleicht, wenn man in einem Garten steht
und bunt bemalt als Zeit vergeht? –
vielleicht an dieser Mütze mit dem besondren Sitze? –
vielleicht weil hergestellt von einem andern,
der sich selbst gefällt,
und der wohl gar noch etwas größer war? –
vielleicht, weil ein besondres Ding,
an dem man gern vorüberging? –
vielleicht, weil als Paraderolle
man davon etwas haben solle? –
vielleicht, weil sich der Produzent
in uns als Werk erkennt? –
vielleicht an unsrer Nase,
rotleuchtend aus dem Grase? –
vielleicht, weil es sich schickt,
dass man so gut geglückt? –
vielleicht, weil wir gewusst
von einem, der uns tun gemusst? –
Ich find', dass Zwerge unergründlich sind,
sie treiben oft als Polonaise ihre Späße,
wo einer hinterm andern geht
und sich so seinen Weg gesteht,
wo man sich vorgezeigt
als der, dem man sich zugeneigt,
wo man gepaart nach der besondren Art
und zwei zu zwei sich einerlei,
wo man einhergeschritten
aus Gründen, die nicht ausgelitten,
wo man sich reingesteigert
in etwas, das man stets verweigert
als ein fideles Haus mit viel Applaus,
wo man von einer Welt erzählt,
die man sich selber ausgewählt –

Wohl dem, der bald bemerkt,
dass er in seiner Welt verzwergt,
ihn hält sich die Gelegenheit
als etwas Größeres bereit –
gelegentlich kommt es mal vor,
dass einer sich dort hin verlor,
wo er nach schwer durchlebten Stunden
sich als schon-lang-gesucht gefunden.

---

geschlüpft

„Ich fordre dich heraus",
sprach einst ein Loch zur Maus,
die hielt sich für belehrt,
als sie davon gehört
und ist nach ungestörten Wochen
daraus hervorgekrochen –
man hat sich gerne zugebracht
dort, wo man auch Quartier gemacht –
so jedenfalls sah es die Maus
und fühlte sich zu Haus –
ein Mäuschen wird vollkommen
in einem Loch, von dem es eingenommen,
deshalb war ihr das neue Abenteuer
wohl nicht so ganz geheuer,
jedoch ein Loch, und sei es noch so klein,
wird auch ein gutes Schlupfloch sein.

Wasserspiele

Manch hochgesteckte Ziele
betreiben sich als Wasserspiele –
wie sich der Pegel zeigt,
so hoch die Säule steigt,
es sei denn, sie ist künstlich angefeuert
und noch von fern gesteuert,
das sieht man dann,
wenn man es unterscheiden kann –
sakral, wenn als Ereignis,
zeigt es sich oftmals im Verzweignis,
damit es sich, fernab der Quelle,
noch wo dazugeselle –
es wird dann in Fontänen
sich förmlich noch verschönen,
sogar der Rückfall zeigt:
man war dem Höhern zugeneigt –
nur was emporgeschnellt
auch wieder abwärts fällt –
mit Brunnen ausgesöhnt,
wird man figürlich noch verschönt –
die Wasserkunst wird erst erwiesen,
wenn viele Brunnen sprießen,
durch die man sagt, was uns daran behagt –
dem Wasser wird arg zugesetzt,
wenn man es als Getränk geschätzt:
vorbei die Wasserspielerei,
jetzt wird mit Ernst daran gebaut,
dass man es andersfarbig schaut –
der Zusatz nun den Absatz steuert,
wenn man für diese angeheuert,
was denn wohl auch den Preis erhöht,
wenn man sich solche zugesteht –
damit man etwas aus sich mache,
wird man geschmacklich eine Sache

und ungewillt dann auch noch abgefüllt
in ein Gefäß, entsprechend seiner Größ' –
man sieht, man ist sehr angetan
von dem, was man als Wasser kann –
was angepasst mit wem verkehrt,
dann auch in seine Form gehört –
man muss geschmeidig sein,
ist man nicht gern allein –
so wird man fläschlich gern vergesslich:
nach oben hin gepfropft und somit zugestopft
und dann von einem, der dafür bezahlt,
auf einen Bauch gemalt –
so hat man denn als Leidensweg
nicht Brücke mehr, noch einen Steg –
ist dieses Jammertal vollendet,
wird man geklärt verwendet
und schimmert so, als ob man sich er-innert
an eine Zeit, wo alles groß und weit,
und wo man auch vom Namen her
Vollendung fand in einem Meer.

Der Kreisel

Dem Kreisel, der sich etwas eingesteht,
es dabei um die Peitsche geht,
denn will ein Kreisel sich erleben,
muss er sich erst geschlagen geben –
die Rede wäre kaum auf ihn gekommen,
hätt' er nicht diesen Schlag vernommen,
denn alles, was sich bei ihm dreht,
auf eines Schlages Konto geht –
so wird ihm heimgezahlt, was er sich ausgemalt,
und er gesteht, um was sich's bei ihm dreht –
ein Punkt, und sei er nur gedacht,
ist es, der diese Kreise macht,
denn alles, was sich dreht, sich diesen Punkt gesteht –
verrückte Welt, die sich im Punkt gefällt –
so zeigt sich an, wie etwas wirken kann
als einer Stille erster Wille,
denn alles Spüren muss einen Punkt berühren,
obwohl noch keinem klar, was daran pünktlich war –
nur scheinbar setzt der Punkt sich dann als Ort
in einer Drehung fort,
denn weiter innen steht als erster, letzter Wille,
der Punkt in seiner ew'gen Stille –
nun erst wird klar, was zeitlich pünktlich war –
der Punkt enthält die Dimension aus einer andren Welt –
unendlich wäre fortgeführt, wer sich in einem Punkt verliert –
Verlorenheit hält immer einen Punkt bereit,
der in gewissen Stunden sich selbst gefunden –
die letzte Pflicht betreibt die Welt aus dieser Sicht.

---

nebenbei

Das Leben ist als Hühnerleiter
ein guter Wegbegleiter,
denn auf der Stange
wird einem Huhn nicht bange,
und man hat allezeit
dann räumlich die Gemütlichkeit,
nur legt man nebenbei auch mal ein Ei –
das eben nennt man echtes Leben,
und man bedenke:
das Leben hat auch noch Geschenke.

---

an Sohnes Statt

Ein Vater ging seit langem zum Psychiater –
an Sohnes Statt man den Psychiater hat,
der einen dann berät, ob es nicht schon zu spät –
wofür, warum, weshalb?, das sagt uns nachts der Alp,
der sich im Schlaf die Mühe macht,
dieweil er uns dann zugedacht –
man ist recht gut vermählt,
wenn man dem Arzte das erzählt,
denn dieser weiß in solchen Dingen
uns seine Meinung darzubringen.

Zum Glück

Die Übung führt zur Meisterschaft,
ist sie dem Sehen zugedacht –
man ist sich näher noch als nah,
wenn man sich lang im Spiegel sah,
trotzdem man sich nicht recht bekannt,
weil immer nur aus zweiter Hand –
der Leib lässt sich nicht gut gestalten
mit solchem Zweckverhalten –
„Man nehme" – diese Aufschrift an der Creme
befiehlt, dass man sehr lang mit einer Dose spielt,
sehr dick wird, sozusagen, aufgetragen
als Lebenshaltung einer äußeren Gestaltung –
das alles zeigt: man ist den Falten zugeneigt,
denn manches wird, wenn man veraltet,
zukunftsgesichert eingefaltet
als die besondre Haltung einer späteren Entfaltung,
nur dass man eben jetzt vergisst,
was später alles möglich ist –
man zahlt solch hohen Preis
um Dinge, die man nicht mehr weiß –
das Wissen lohnt, dass innen noch ein andrer wohnt,
den nicht berührt, was faltig ausgeführt,
und der, als ganz besondre Tugend,
ein Wesen hat aus ew'ger Jugend –
das wäre beim Betrachten
vor einem Spiegel zu beachten –
wie wunderbar, dass hinter allem ein Gedanke war,
der, wenn man ihn gedacht,
uns vieles eingebracht,
denn man besteht
nicht nur aus dem, was uns als Bild vergeht.

40

Überlegungen

„Ich weiß nicht recht, ob ich das Rechte weiß?",
sprachs Brüderchen einst vor dem Eis –
dem Eise war schon lange klar,
seit wann es brüchig war,
nur spricht es lieber nicht darüber –
man stell so dann und wann
auch mal sein Überlegen an,
vor allem vor dem Eis,
wenn man von ihm nichts weiß –
zum Glück erleidet man meist selbst
das Missgeschick,
woraus man denn ersieht,
dass es um uns bemüht –
ein Schritt, wenn er getan,
hält weitere in seiner Karawan –
manch Wüste man durchquert,
bis eine Ankunft uns gewährt.

---

insgeheim

Ein Zustand, dem der Nachstand kam,
war weitgereist und flügellahm
und ward als Wiederkommen
gehörig in die Pflicht genommen –
er war als Dankeschön für diese vorgesehn
und insgeheim dabei nicht ganz allein.

Der Krug

Ein Töpfchen war zu Bruch gegangen,
als es zu schwimmen angefangen –
nicht jeder, der zu Wasser fährt,
auch dorten hingehört –
man hat hier als Erscheinung
doch eine ganz spezielle Meinung
und ist gewillt,
dass man sich nur mit Wasser stillt –
so wenigstens stellt sich das dar,
wenn man als Krug im Wasser war –
anfänglich eine Leere zu diesem Krug gehöre
als die Gewähr für dieses feuchte Nebenher –
nur so ertrug das Wasser einen Krug,
und staunenswerter Weise
ward so beendet seine Reise –
ein Krüglein, wenn es von Format,
auch die gewisse Leere hat,
als leerer Raum versinkt man kaum,
und als ein Schweben
darf man sich höheren Orts erleben.

Sinn für Sinn

Die Farbe stand als gelbe Garbe auf weitem Feld,
ein Abbild ihrer reifen Welt,
nach oben zugespitzt, dort, wo die Ähre sitzt,
so Korn für Korn in heiliger Geselligkeit
zum weitren Schritt bereit –
man ist bereitet für das, was man beschreitet,
die Ähre uns einen Einblick gewähre,
so Sinn für Sinn als ihr Wohin –
als Oben will sie den Endpunkt loben,
ein Vielfach trägt als Einerlei sein Maß herbei,
so Maß für Maß als edler Spaß –
man schau sich dies Gesetzbuch an
und was man darin lesen kann.

---

verbindlich

Wohl oder übel, die Verbindung braucht den Dübel,
zum Glück gibt es noch das Verbindungsstück –
zwei gleiche Seiten wollen sich ein Fest bereiten –
zusammengehalten darf man sich gestalten,
der Leim stimmt da mit ein –
als Klebekraft ist er dem Ganzen zugedacht,
ausführlich und gebührlich wird er manierlich,
Zusammenhalt erst fördert die Gestalt –
ein Wort das andre gibt,
wenn in den Zweck verliebt,
die Zeit sie aneinander reiht
als Zeichen ihrer Mehrsamkeit.

Der Widerhall

Ein Trauerflor sang einst in einem Kirchenchor –
choristisch ist man als Sänger gerne mystisch
und tut mit seinem Mund ein innerstes Geheimnis kund –
wie wunderbar, wenn man noch gut bei Stimme war,
zeugt diese doch, wenn klanglich aufgeheitert,
von dem, was innen sich erweitert –
nutzbringend ist es außerdem,
wenn man sich stimmlich angenehm,
weil man sich auch noch selber hört,
wenn man in dieser Form verfährt –
der Kirche ist, als großer Raum,
choristisch manches zuzutraun,
und man erfährt sehr bald,
dass es dort herrlich widerhallt –
in heitern wie in ernsten Stunden
hat vieles Anklang dort gefunden,
deshalb wird solche Wunderwelt uns räumlich vorgestellt,
denn das, was klingt, stets einen Innenraum besingt,
so zeigt sich nämlich, was diesem Innen ähnlich –
das wäre zu bedenken,
will man sich namentlich beschenken –
man kann mit solchen Gepflogenheiten
erfolgreich seinen Weg beschreiten
und hört sehr bald, wie man im Raume widerhallt –
was man sich stimmlich ein-geräumt,
wird zeitlich nicht versäumt,
raumzeitlich, als Gebaren,
kann man getrost nach Hause fahren –
man sei entzückt von dem, was uns als Stimme glückt –
„Glück auf" dem Mai, hat er ein Lied dabei,
denn solches zeigt ihm an, dass er auch singen kann.

44

Die Pfeife

Der Teufel saß vor seinem Haus
und rauchte seine Pfeife,
damit auch jeder sah,
worauf er sich versteife –
man schaue, wenn man kann,
sich diesen Teufel an, so brav und bieder
sieht man den Burschen wohl kaum wieder –
aus solcher Position heraus
betrachtet selten man des Teufels Haus,
man sieht's doch gleich:
das Pfeifchen schafft ein Himmelreich –
manch ein Passant dem Hausherrn nahe stand,
und weil's sich schickt, hat dieser ihm dann zugenickt
und lud ihn ein, bei ihm zu Gast zu sein –
ein Spiel, betreibt man's mit Gefühl,
schafft Nähe, damit man es auch recht verstehe –
man sich erbaut an dem, was man sich zugetraut,
wenn es auch etwas stinkt und pferdefüßig hinkt –
ein Knalleffekt zeigt uns, was in ihm steckt,
und springt ins Auge, damit er etwas tauge –
so wird beäugt, was von sich zeugt.

45

weites Feld

Der Eisenhut steht einem Ritter gut,
weil er uns wohlverwahrt, was man sich aufgespart –
was man sich aufgehoben, liegt meistens weiter oben,
denn überdies ist dort auch das Verließ
als Souverän – und deshalb angenehm –
der Blick schweift in die Runde,
hat er als Oben seine Stunde,
von dort sieht man die Welt als weites Feld
und ist erhaben über solche Gaben –
was unter uns floriert, ist nur als Flora ausgeführt,
faunistisch sieht man das Ganze optimistisch –
verständlich wird die Welt,
wenn man von etwas Abstand hält,
denn diese Sicht hat mehr Gewicht –
was unten kriecht und fleucht,
ist uns zu ferne und zu feucht,
man hat sich eben schon in ein Höheres begeben
und will, um dieses zu gestalten,
vom andern Abstand halten –
was man aus diesem Standpunkt mache,
ist reine Ansichtssache,
ein Baum, der gut verwurzelt,
nicht auf die Nase purzelt –
jedoch in ganz gewissen Stunden
gedenke man dem Unten,
denn man wird hingelangen,
wo man mal früher angefangen –
die Hefe sich im *Teige* Entwicklung zeige,
denn gar nicht dumm ist das, was drum herum.

---

zahlbar

Der Nacht sei eingeräumt,
dass man auch mal von sich geträumt,
nicht immer ist nur unbewusst,
was man als Schlaf gemusst –
so zeigt uns das Gestalten,
was noch von uns zu halten –
manch einer hat, der abgestürzt,
im Traum den Weg verkürzt
und unten angekommen,
sich selbst vernommen –
man hat sich manches eingestanden,
wenn danach immer noch vorhanden,
denn an geheimen Achsen
werden uns Flügel wachsen,
und was uns steigend macht,
hat uns nach Haus gebracht,
erst weiter unten
hat man den Weg nach oben gefunden –
der Preis macht zahlbar unsre Reis'
und zeigt uns an, ob man sich diese leisten kann.

Spiegelungen

Er hatte Tränen gelacht, als er zum Auge erwacht –
wenn es so weit, ist eine günstige Zeit,
ein Auge hat Besseres zu tun, als von sich auszuruhn
die Sicht erhebt zur Pflicht –
man merke: Schneewittchen lebt im Land der Zwerge,
sie ist allein, dieweil die andern klein –
ist ihr auch immer klar, dass sie des Königs Tochter war? –
vom Spieglein an der Wand ward sie hier her verbannt,
des Spiegels Braut sich gerne selber schaut,
ans Herze rührt, was uns dort vorgeführt,
und wehe dem, wenn das nicht angenehm –
der Spiegel, wenn er ausgewechselt,
stets nur das alte Bild uns drechselt –
der Spiegel sich erbaut an dem, was man hineingeschaut,
er wird gehegt mit dem, was man zurechtgelegt –
ein Lachen war, als es in Wochen,
vor einem Spiegel ausgebrochen,
solange man im Kerker, gab es nur Ärger,
nun frank und frei, erfährt man, was ein Spiegel sei,
wie schön, dass man mit seinen Anverwandten
davor gestanden,
verwandtschaftlich wird manches klar,
wenn dabei noch ein Spiegel war,
der Spiegel macht ein fröhliches Gesicht zur Pflicht –
es macht uns Mut, was man vor einem Spiegel tut,
denn wie gesagt: die Antwort zeigt, was man gefragt.

Wegerfahrung

Es leben Pferde meist zu ebner Erde,
der Dienst, wenn in Gebrauch,
ist dieser Meinung auch,
ein Pferd wird angeschirrt,
damit es sich hier nicht verirrt –
der Kutscher, der auf einem Bocke saß,
gibt einem Pferd das rechte Maß,
die Zügel, wenn man drin gehalten,
sie wollen einen Weg gestalten –
damit das Pferd nicht scheue,
hält sich die Klappe ihm die Treue,
es scheint die Regel,
dass man als Pferd ein Flegel –
welch froher Schall,
wenn dabei noch ein Peitschenknall –
es ist wohl kaum zu fassen,
dass solch ein Pferd was fall'n gelassen,
doch zeigt uns das Geschehnis an,
dass sich ein Pferd das leisten kann,
denn Spiel und Miene
erfahren sich auf einer Bühne.

Die Kette

„Woran er denn wohl hinge?“,
fragt’ er die Kette, die grad guter Dinge –
die Kette, als ein Immerfroh, beschrieb die Lage so:
„Mein lieber Freund, du hängst nicht irgendwo,
denn Glied um Glied es dich nach Hause zieht,
die Aus-kunft, wenn sie dir gegeben, darfst du an dir erleben,
denn die besondre Stätte erlebt man nur an einer Kette,
die Kette, wenn sie ausgereift, sich Glied um Glied versteift,
sie zeigt dir, ohne Frage, den Ernst der Lage,
nimm deine Lage ernst, damit du etwas daraus lernst,
so wie du fühlst, erlebst du nun, mit wem du spielst –
betrachte dieses Spiel als das *besondere* Gefühl,
nicht jeder, wenn er denkt, auch gleich an einer Kette hängt“ –
Ein Hund, der gleich daneben, durft‘ dies Gespräch erleben,
und dachte voller Stolz: „Ich bin aus eben diesem Holz,
ganz offiziell bin ich an meiner Stell‘,
und diese Sicht gereicht sie mir zur Pflicht“ –
Nicht ohne Grund behängt die Kette sich mit einem Hund,
ihr Endpunkt zeigt, dass sie sich diesem zugeneigt –
ein Hund sieht sich geehrt mit dem, was seinen Hals belehrt,
nur an besondren Orten ist Ehre uns zuteil geworden,
die Lage, wenn sie angepeilt, wird meistens mitgeteilt
zum besseren Verständnis für solcherlei Verwendnis –
Wie es so Sitte, verkroch der Hund sich nun in seine Hütte,
damit er sich’s gemütlich macht, ist diese diesem zugedacht,
so gab sich diese späte Stunde dem braven Kettenhunde,
und gähnend legte er sie nieder,
die Kette und die eignen Glieder –
wohltuend kommt der Schlaf dem Hunde, wenn er brav,
nur manchmal knurrt er leise auf seines Schlafes Reise,
im Traum vermählt mit dem, was ihm gefehlt.

---

dazugehörig

Recht sportlich kam der Mann an einem Wasser an
und saß mit viel Gerangel dem Wesen nach an seiner Angel –
in Anglerkreisen man verkehrt, wenn man sich so gehört,
man ist bedacht, wo man sich zugebracht,
nicht jedem ist gegeben, das zu erleben –
mit etwas Witz erreicht man seinen Sitz,
damit man einerlei des andern Meinung sei,
weil man es gerne sieht, wenn so man seinen Platz bezieht –
wer wo dazugehört, dazugehörig sich bewährt,
das zeigt die Aufbewahrung und Erfahrung.

---

nie mehr

Manch einer wäre lieber keiner
und in gewissen Stunden im Nichts verschwunden –
doch, Gott sei Dank, noch keinem das gelang,
man wär zu selten und hätte nichts mehr zu vermelden
und auch, bei Leibe, nie mehr hier eine Bleibe –
eh man sich ausgeträumt, wär man schon weggeräumt,
nie mehr die Medikation von einem Wussten-sie-schon.

Null Grad

In Greenwich, zu gegebner Zeit,
hält sich so mancherlei bereit:
Null Grad gemessener Länge
gerät man selten ins Gedränge,
nach jeder Seite hin bringt solche Null Gewinn,
das liegt daran, dass etwas auf ihr lag,
bei Nacht und meistens auch bei Tag –
wer meint, das eine Null nichts wär,
ist fälschlich im Verkehr,
man stelle, wenn als Beispiel dran,
mit einer Null Versuche an –
so mancher sich mit Nullen brüstet,
weil er mit solchen aufgerüstet,
er hat, weil er sich's leisten kann,
'nen Schwanz mit Nullen dran,
vorausgesetzt, dass man an erster Stelle
sich einer echten Zahl geselle,
die, sicher angefangen,
mit sich auf einen Strich gegangen –
doch unsre Null gesellt sich gerne und im Nu
noch irgendwo dazu –
obwohl alleine rund und leer,
macht sie jetzt etwas von sich her,
was früher null und nichtig,
wird jetzt an einer Seite wichtig,
sogar die Bank mit Freuden zahlt,
wenn sich die Null dazu gemalt –
wenn weiter hinten angekommen,
hat man sie mit Respekt vernommen,
ein Kreis, der auf den Namen Null verweist,
ist es, der diesen Namen preist –
so Kreis um Kreis kreist man sich ein,
um als die Null etwas zu sein,
die Welt zieht gern den Hut, wenn einer so was tut,

es kommt nur auf die Stellung an,
die man als Null sich leisten kann –
die Linie, wenn zum Kreis gebogen, stellt etwas dar,
das sie und noch manch andres war,
ein Strich, wenn gut in Form gewesen,
ist zu was Hö'rem auserlesen,
ein Bogen, wenn er sich zum Kreise biegt,
zeigt, dass ihm etwas daran liegt –
man kann es nennen, wie man will,
ob Kreis, ob Null, der Strich hält immer still,
man seinen Stellenwert erst, wenn gekrümmt, erfährt,
ein Strich sich brauchbar macht,
wenn er als Null gedacht,
sowohl als Rand, als auch von innen hohl –
die Linie, auf der Greenwich liegt,
sich über eine Kugel biegt,
natürlich nur gedacht,
dieweil von einem Kopf gemacht –
man sieht, die Welt ist eingeteilt
in Etwas, das global gesehn
man auch als Nullen kann verstehn –
die Zeit ereilt uns nun
auf einem Standpunkt, dem man zugeteilt,
der Punkt, nach dem man uns bemisst,
ist eine Null, die ihre Flagge hisst –
wie wunderbar, wenn eine Null der Maßstab war.

---

kontrastreich

Ein Glühwurm, der spazieren ging,
erschien uns als ein leuchtend Ding,
man fand ihn wunderbar,
weil seine Umwelt dunkel war,
man wird verstehn,
dass man im Hellen nichts von ihm gesehn –
man spreche nicht verächtlich,
wenn manche Dinge nächtlich,
das Licht im Licht erkennt man öfter nicht,
wenn etwas sich nicht abgehoben,
kann man es nicht kontrastreich loben,
das andre ist erst da, wenn ihm ein andres nah,
das Individuelle verschafft dem Lichte Helle –
im Schattenreich der Triebe
erkennt man wahre Liebe –
so wird das Jetzt
als Ewiges in Szene gesetzt.

---

aufgereiht

Ein Zahn beweist die Schräge oft an einer Säge,
dieweil er zugespitzt an ihrem Blatte sitzt –
so honoriert wird er durchs Holz geführt,
denn drauf und dran er sich das leisten kann –
ein Zahn wird erst gescheit, wenn er wo aufgereiht
und darf, im Großen wie im Ganzen,
nicht aus der Reihe tanzen –
so gleich in gleich find' er sein Himmelreich.

54

und so weiter

Einst Kraut und Rüben waren auf dem Feld geblieben,
doch später dann, der Zweck, entfernte sie vom Fleck –
als höhere Offenbarung erfolgte nun die Aufbewahrung:
ein Rindvieh, das dazugekommen,
hat beide in den Mund genommen,
man endet heuer sehr oft bei einem Wiederkäuer,
der gibt sein Muh gelegentlich dazu,
und sprachlich rein will das sein Urteil sein –
doch, Gott sei Dank, als Undsoweiter
hat dieses Rindvieh noch ein Euter,
denn manches gipfelt dort, wo etwas zipfelt
und zeigt der Welt, dass man ihm etwas unterstellt.

---

flexibel

Ein Baum war bald ins Wanken geraten,
als er den Winden vorgeladen,
er hatte, sozusagen, sich stürmisch zugetragen
als echte Bewährnis einer Fährnis –
nicht immer es dem Wind gefällt,
wenn man sich in den Weg gestellt –
was hart am Wind, ist ein gebognes Kind,
doch biegsam und flexibel befreit man sich vom Übel.

Des Staunens voll

Was wässrig braun in einer Kaffeetasse
man stets als Bildsinn fasse,
denn was dort weißlich ein-gekreist,
als brauner Fleck viel mehr beweist
als vor der Hand uns so bekannt –
ein Trinker, der vor einer Tasse saß,
sehr gern den tief'ren Sinn vergaß,
doch was man unergründlich findet,
oftmals in einem Munde mündet,
denn ausgesprochen gut
schmeckt etwas, wenn's die Zunge tut –
ein Werk-Zeug, das man hat,
zeugt von dem Werke, das man tat,
und schließlich, was nicht ganz verkehrt,
sich dabei auch die Tasse leert –
dann endlich, wenn man so verfahren,
wird sich der Grund uns offenbaren,
was ausgeleert, man inhaltlich erfährt
und, wieder hingestellt,
zeigt sich ein Her in seiner Welt
als Raum, des Staunens voll in seiner Leere,
erfassbar uns in seiner ganzen Schwere –
was noch vor kurzem ausgefüllt,
wird durch ein Nichts gestillt –
doch sei man nicht verdrossen,
denn bald wird nachgegossen.

Die Wirtschaftslage

„Das kann es doch nicht geben, dass es das nicht gibt",
so sprach der Frosch, als er verliebt –
rein wettermäßig ist der Frosch gefräßig,
ansonsten ist er friedlich und wohl auch niedlich,
denn eine Leiter macht sein Leben heiter –
wir woll'n ihn loben, solang er oben,
die Aussicht sei gestattet, solang er nicht ermattet –
man schau sich solchen Quakfrosch an,
was der sich leisten kann:
es zahlt sich aus, sitzt man im eignen Haus,
die Wirtschaftslage tritt meist in einem Haus zutage,
und man ist frohgemut, wenn man in diesem wohnen tut –
nur ist es halt in dieser Welt ein wenig eng bestellt –
ein Frosch, der gerne Fliegen fängt,
da wohl ein wenig weiter denkt,
er steckt in seinem Haus der Welt die Zunge raus,
und irgendwann sitzt auch mal eine Fliege dran –
es nährt den Mann, wenn er sich Fliegen fangen kann.

---

phonetisch

Als Schicksalsfrage tritt man in dieser Welt zutage,
so wird phonetisch klar, ob man auch gut bei Stimme war –
es hat meist gut geklungen, wenn man sich als Lied gesungen,
weil so sich uns erfahrbar macht, was man sich zugedacht.

---

positionell

Ein Redner, wenn er dauerhaft, beredet viel aus eigner Kraft,
die eigne Kraft schätzt diese Dinge sehr,
geht es doch schließlich um den Selbstverkehr –
mal ehrlich – wer ist nicht gerne selbstverkehrlich? –
man ist bestrebt, dass man sich selbst erlebt,
weil man sich gern erlebbar macht als der,
den man sich zugedacht –
da sieht man's wieder: bevor man singt, gibt es schon Lieder,
es liegt in der Natur der Sache, dass man sie vorher mache,
am besten aufgeschrieben und etwas liegen geblieben,
denn Lieder, wenn sie aufgefunden,
geheimnisvoll und auf Papier gestunden,
und wenn der Autor unbekannt,
gebraucht man gern aus erster Hand –
noch ist da nichts hinzugetan von einem Nebenan,
jungfräulich und als Überzeugung ersieht man ihre Zuneigung,
gern sieht man solch ein Lied,
das ungesungen auf Papier noch blüht –
der ganze Klangeffekt noch ungehört und zugedeckt –
nur Stille steht verbreitet da als letzter Wille,
bis einer sich befand und diesem Liede nahe stand,
denn Nähe befähigt diesen, dass er diese sähe –
der Kenner sieht mit Kennerblick des Liedes inn'res Glück,
auch ungesungen ist es ihm aufgeklungen,
man fand nur etwas, wenn man diesem nahe stand,
das sei betont, wenn sich ein Lied auf lange Zeit verschont –
Vergangenheit, wenn sie auf einen Sänger weist,
sich meist in einem Liede preist,
ein Wunder, wenn als Klang bereitet,
die Brücke des Papiers beschreitet,
die Note, wenn sie ausgedacht,
ist dann bestrebt, dass sie sich lesbar macht –
kontinuierlich wird eine Note erst aufführlich,
und eine Note, wenn sie wo dazugestellt,

erlebt des Liedes Wunderwelt,
in-folge-dessen hat sie sich erst besessen,
das Klangbild, das sie aufbewahrt,
bewahrt sie uns auf ganz besondre Art,
akkordisch und in Harmonie sie reizvoll sich der Welt verlieh –
eintönig bleibt man nur sich selbst ein König,
Musik wird erst erdacht, wenn man sich wo dazu gebracht –
die Vielfalt will mit Tönen sich zum Lied verschönen,
des Tones Position macht ihn zu dem besondren Ton,
denn wär' er weggelassen,
könnt' man nicht seinen Sinn erfassen,
der sich erst zeigt, wenn er dem Liede zugeneigt –
so sei er brav an seiner Stelle den andern Tönen ein Geselle,
die Welt liebt es, dass man sich wo dazugesellt –
das Lied zeigt jeden Ton in überhöhter Position,
man steigt, wenn man sich so als Ganzes zeigt –
die Treue nicht die Linie scheue,
liniert wird man als Note aufgeführt,
damit man sich auf seiner Stufe
letztendlich auch darauf berufe –
ein bei-Spiel, trägt es sich dem Liede bei,
gestaltet sich in einem Liede neu –
wie wundersam, wenn man in einem Liede wiederkam.

---

gestaltend

Es sprach Herr Abel: „Die Welt ist reparabel" –
man will ihm diesen Glauben doch nicht etwa rauben? –
die Ehre als Gestaltung preist seine Haltung –
oft hat ein Prügelknabe die besondre Gabe.

Der Beitrag

„Nicht schlecht", so sprach zum Baum der Specht –
der stand nun vor der Frage, wie er es seinem Wurme sage,
auch solch ein kleines Tierchen hat sein Pläsierchen,
ich mein, es war nicht grad im Tierchenschutzverein,
der liebt als Untermalung die Beitragszahlung –
aufs Neue bestätigt sich hier die Gebührentreue,
Vereinsklienten beleben so das Werk der Spenden,
wer pünktlich zahlt, bekommt ein Etikett gemalt –
das käm' dem Meister Specht nicht eben recht,
er hat den Wurm, wenn er ihn hebt,
am liebsten unbeklebt,
ganz einfach und natürlich
ist dieser einer Zunge dann gebührlich,
denn unbeklebt wird das Geschäft belebt,
so lang ein Specht beteiligt war, was doch wohl klar –
man merkt: so ein Vereinslokal enthebt uns mancher Qual,
es nützt, wenn man sich im Vereine schützt –
vielleicht hätt' man dem Specht in angsterfüllten Stunden
den Schnabel zugebunden
und unser Wurm sich dann, wie oft gehabt,
an seinem Baum gelabt –
man hör' und staun':
der Dumme ist auf jeden Fall der Baum,
er stirbt im Abendrot den Stand-rechtlichen Opfertod.

60

kreisläufig

Die Extraklasse sich ein Herze fasse,
denn Blut tut einem Herzen gut –
es täte einem Herzen leid,
wär nicht das Blut dazu bereit –
der Kreislauf ist bereitet,
damit man seinen Weg beschreitet,
der Lauf beweist, was in ihm kreist –
der Werdegang führt meist an einem Kreis entlang
und herzlich gern kehrt man zurück auf seinen Stern –
der Stern beweist: man war seit längrer Zeit verreist.

Der Weg

Landläufig werden Wege häufig,
es häuft sich oft, was sich verläuft –
jedoch die Ankunft zeigt, dass man dem Ziele zugeneigt,
woraus man denn ersieht, was einem Wege blüht –
erst ländlich zeigt sich ein Weg verständlich,
ein Weg, der in den Wind geschrieben,
wär unsichtbar geblieben –
man sieht, die Wege, die nach oben führen,
sind schwerer aufzuspüren –
die Phantasie sich dazu einen Blick verlieh.

61

Das Bestreben

Herr Purzel war, weil's ihm gut stand,
mit einem Baum verwandt,
und sein Erkennungszeichen
war groß und stark die Eichen –
es war ihm lieb,
wenn man gedoppelt seinen Namen schrieb,
denn gerne zeigt man vor,
wem man sich namentlich verschwor –
jedoch der Baum zeigte diesem Schatze
nur eine leere Luftmatratze
und war nicht sehr gewillt,
dass man ihm diese füllt –
und überhaupt,
wo steht die Eiche, die an einen Purzel glaubt? –
stets hat die Eiche das Bestreben,
sich ihrem Standpunkt auszuleben,
ein Purzel, der sich überschlagen,
wird einer Eiche nicht behagen,
sie steht zu dem, was ihr gut steht,
und wenn's um tausend Jahre geht –
man ist korrekt mit dem, was man be-zweckt,
wer sich so un-geschickt benimmt,
ist namentlich nicht gut gestimmt,
ihm sollte es gereichen,
sich mit sich selber zu vergleichen –
ein Baum sich in der Welt auch ohne Purzel gut gefällt.

Das Blatt

Der Blättersegen kommt einem Wald gelegen –
ein Austausch findet statt mit dem, was man als Außen hat,
denn auch das Licht erfüllt so seine Pflicht,
weil uns gefangen nahm, was da von oben kam –
die Metamorphose erst zeigt das Licht als Rose,
die davon handelt, dass etwas sich verwandelt –
man sieht, es ist noch etwas innen, wenn eine Rose blüht,
aus Licht ein Flirt dort sichtbar wird –
nicht immer zeigt sich klar, was noch daran beteiligt war,
denn das Gestalten hat mancherlei für sich behalten.

Rest-Betrag

Leben um jeden Preis – das macht das Thema heiß –
pharmako-logisch ist gedacht, was sich bezahlbar macht –
hinaus-gezögert wird unser Körper oft verhökert
als angemessner Preis von seiner Reis' –
als Rest bestreitet er das letzte Fest,
der Rest-Betrag bringt solches an den Tag –
es ist gedacht, dass Krankheit sich bezahlt gemacht,
die Krankenkasse, als Gesundheitswesen,
ist stets dabei präsent gewesen –
nun erst wird klar, was einem gut und teuer war.

Gloriosum

Es ging einst ein Herr Vater
spaziern im Wiener Prater –
manch einer zieht die Stirne graus,
nimmt man sich solches Recht heraus –
so sah man diesen Wandersmann
denn auch mit scheelen Augen an,
dieweil er oft genannt und deshalb sehr bekannt –
es tut hier nichts zur Sache,
ob namentlich er was draus mache –
genug, es sei hier nur erwähnt,
dass er bekanntermaßen sich nicht seiner schämt –
der nach ihm umgedrehte Kopf
mit altem und verstaubtem Zopf,
er nahm dies Blicken in Empfang
und ging doch seines Wegs entlang,
bis dass denn einer kam,
der sich sehr offiziell benahm:
er zog sehr fein den Hut,
wie man's in manchen Kreisen tut,
und ehrerbietig, weil sich's schickt,
hat er den Vater angeblickt,
das Auge sehr verwundert
und huldvoll aufgemuntert –
ein feines Lächeln spielt in seinen Zügen,
die physiognomisch vor dem Vater liegen,
der Kopf etwas geneigt und solchermaßen vorgezeigt,
und Ehrfurcht haucht sein ganzes Wesen
vor diesem, der grad dagewesen – –
Ein *Schauer,* dem Betrachtung eigen,
sah aufmerksam den Ehrfurchtsreigen:
Begegnung findet meistens statt,
wenn man Verständnis dafür hat,
bald fließt denn auch auf ungesehnen Wegen

ein Etwas unserm Schritt entgegen,
das man als Sympathie benennt
und doch nicht sein Geheimnis kennt,
ein Etwas, das aus einem Schoß,
der offen, namenlos und groß – –
„Warum so intensiv geschildert
ich dieses Ganze abgebildert?",
mag mancher sich als Frage fragen,
dem es sich winkend angetragen –
Der Vater aber ging, was seinen Rock betraf,
sehr zeitenfern und wie im Schlaf,
es hatte ihn in diese Welt verschlagen
aus einer fernen Zeit, wo er sich zugetragen –
was man befremdend von ihm sah,
war längst Vergangenem noch nah,
nur dieser eine, der ihm nahe stand,
hatt' ihn aus einem Trotzdem her erkannt –
er trat vor seinem Schritt zur Seite
und sah ihn an aus einer Weite,
die nur der Seher kennt,
dem sich ein Unsichtbares nennt –
so sah er diesem Geher nach,
der lichtvoll sich im Abend brach,
ein Funke, nächtlich eingefunkelt
in diese Welt, die ihn umdunkelt –
und wie ein Gloriosum leis' entschwebt,
war er in diese Nacht verwebt,
und wie es schien,
ein Wandrer nur in einem Park in Wien.

Sägezahn

Der Zahn, der sich erregt, an einer Säge sägt,
blitzblank und scharf geschliffen, ist er von sich ergriffen,
und aufgereiht er diesen Standpunkt sich verzeiht –
ein Zahn wird erst geschätzt, wenn er sich neben dran gesetzt,
hier nur beschreibt er seines Lebens Spur
und voller Stolz in einem Baum aus Holz –
der Baum, ehmals als Einung, ist nun geteilter Meinung:
der Nutzeffekt wird öfter erst geteilt entdeckt,
und also bald vergisst der Baum den Wald
und wird geleimt zu neuem Sinn vereint,
das macht die Pflege, kommt sie dem Baum als Säge –
man muss die alte Form verlassen,
will man sich neu ins Auge fassen,
man wird sich auf den Zahn gefühlt,
wenn man mit einer Säge spielt –
dem Zahn sei stattgegeben, will man mit einer Säge leben,
nur die Erscheinung ist oft geteilter Meinung –
jedoch der Sinn vereint, was uns geteilt erscheint,
in der Vereinung vollendet sich die Meinung.

Die Brezel

Einstmals ein Rätsel aß eine Brezel –
man sieht, auch solches zeigt mal Appetit –
die Brezel, die nun formverloren,
war einem Rätsel eingeschworen –
wenn einver-leibt, man etwas anderes beschreibt,
jedoch der Sinn bleibt ewig drin,
auch wenn er, das ist klar, nicht immer sichtbar war.

---

erkenntnispraktisch

Ein Apfel ist gestielt durch das,
woran er sich sonst hielt –
er scheint auch nicht gekränkt,
dass er wo angehängt –
es liegt in der Natur der Sache,
dass man sich ganz natürlich mache,
und schließlich, wie es hieß,
war man auch lang genug im Paradies,
man hat sich so als Aufbewahren
in Ewigkeiten schon erfahren –
dem allen als Erhellen
sollt' man gedanklich sich hinzugesellen –
es wäre falsch gedacht,
hätt' man sich nicht wo zugebracht,
so nämlich wird uns klar,
wo man dereinst zu Hause war –
die Theorie uns praktisch dem Versuch verlieh –
ganz gleich, gleich wie,
man ist der, den man sich verlieh,
wenn auch mit Bangen
manchmal wo angehangen.

Lokalität

Viel hat man als Lokal gehört
von einer Sache, die gestört –
betagt betucht hat man am Tisch geflucht
beim Festival der fröhlichen Gesell' –
Lokalitäten, die verhäusert,
sind gern in dieser Form veräußert:
der Metzgermeister So-wie-so
flucht gern als Ebenfroh,
man hat als Gegenüber
dann den, der flucht, noch lieber,
liebt man doch als Erscheinung,
wenn andre gleicher Meinung –
man fühlt sich erst verstanden,
wenn noch in gleicher Form vorhanden –
wie sagt doch gleich das alte Lied:
man liebt den Spiegel, wenn sich der auf uns bezieht,
denn das Gestalten will sich bei Laune halten –
und auch der Wirt von dem Lokal liebt das nun mal,
denn das Geschäft hat einen Grund
für solcherlei gebot'ne Stund',
und desto mehr man trinkt,
je mehr uns dann was stinkt –
das Kasperletheater hat einen Fluch zum Vater,
denn auch der Kleine Mann
hat schon Gefallen dran,
man findet's toll, kriegt einer hier die Jacke voll –
ein Fachmann später dann erklärt, was er davon erfährt,
interpretiert wird gerne ein Gespräch geführt,
und es ist klar, dass dann die Note sehr persönlich war,
denn subjektiv man gerne sich auf sich berief –
ein Hier-Mund, der aus Dort-Mund war,
erklärt die Sache wunderbar,
und gerne hat man zugehört,

wenn man sich dabei selbst erfährt –
das Gegenteil stellt meistens eine Mauer steil,
man grenzt sich lieber ab,
wenn das Verständnis knapp,
denn fürs Verstehn ist man hier vorgesehn –
es ist nur recht, weil billig,
wenn uns der andre willig,
so erst macht's Spaß,
wenn man in einem Garten saß,
denn ist die Harmonie im Spiele,
hat man der Lieder viele
und liebt sich im Vereine,
weil nun nicht mehr alleine –
man gerne unisono singt,
wenn man sich im Verein verbringt,
doch man beachte, was man sich dabei dachte,
der Text, wenn zu bequem gedacht,
hat uns nicht allzu weit gebracht –
schön sind die Auen, wenn sie bunt zu schauen,
doch leider bringt uns das nicht weiter –
wie wunderbar, dass es schon spät am Abend war,
denn bald hat man geträumt,
was man an sich versäumt,
und pflegt nach diesen Sachen
dann pünktlich das Erwachen.

Die Note

Die Note fand zum besseren Verständnis
auf einem Blatt Verwendnis,
denn oft sich lesbar macht,
was man zuvor als Melodie gedacht –
man zeigt es gern der Welt,
wenn man sich wo dazugesellt
und möchte es auch als Wesen,
dass man dann später mal gelesen –
die Note liebt im Liedbereich
den innern und den äußeren Vergleich,
denn was als Lied entfacht, sich gern erreichbar macht –
Gewohnheit will als *Hören* sich wohl auch betören
und oft, auf ungewohnte Weise,
begibt man sich auf eine Reise,
die, wenn auch nur als Fantasie, uns neue Welten lieh –
manch einer, der sich melodiös gedacht,
ist bald in einem Zauberreich erwacht,
das ihm ein andrer, der ihm lieb, auf eine Seite schrieb –
solch Wunsch-Glück-Schreiben
sollt' man sich öfter einverleiben,
dort wird es, weil erwacht, auf seine Weise dargebracht,
die sich beglückend bringt,
weil gerne sie ihr Liedchen singt –
synchron bereitet man eine Welt beschreitet
und Synchronizität sich gut als Lied versteht –
die Noten, wenn sie sich uns weiterreichen,
sie wollen sich als Lied vergleichen,
und wenn als Resonanz, erfährt man sie dann ganz –
die Saite schwingt,
wenn sich ein Ton auf rechter Höhe singt,
erst dann, und sonst nie wieder, erfährt man seine Lieder.

Farbenspiel

Ein Stier, der die Arena sah,
war dem Verzweifeln nah:
das ganze Rund in Flammen stund –
doch welche Wonne,
es war dies nur der Untergang der Sonne,
denn solch ein Stern stirbt seinen Tod
sehr gern als Abendrot –
doch dieses Farbenspiel dem Stier missfiel,
er war es nicht gewohnt,
dass diese Farbe ihn verschont,
und wutverschnaubt
hat er sich die Geduld geraubt –
doch kein Torero lief ihm hier in die Quero,
und auch das Publikum
saß nicht auf seinen Rängen herum,
kein Degen gereichte dem Tiere zum Segen –
man höre und staune:
dem Stier gebrach's die Laune,
im rechten Auge eine Träne,
man dabei noch erwähne,
er kniete brav und bieder
vor diesem Schauspiel nieder,
ich glaub', er hat verspätet auch mal gebetet –
tiefsinnig ward ihm das Ganze innig
und er gestand sich denn auch ein:
das Sterben kann noch schöner sein.

Der Kloß

Ein Hefekloß lag breit und groß in seiner Soß',
und er bedachte, ohne Frage,
das Glück von seiner Lage –
solch Drum und Dran
ein Kloß sich leisten kann,
man ist beliebt,
wenn man sich im Geschmack geübt,
weil sich geschmacklich zeigt,
was andern zugeneigt –
die Soße bringt als Aufbewahrung
dem Kloße nähere Erfahrung:
man wird umrundet
von dem, was andern mundet –
das Reich vom Kloße ist das der Soße,
man wird gepflegt
von dem, was man sich beigelegt,
Gelegenheit erst macht den Kloß gescheit,
denn dann fängt ihm das Leben an –
was vorher man mit Augen sah,
kommt bald dem Munde nah,
zum fortgesetzten Glücke
reißt man den Kloß in Stücke,
der fragmentiert sich nun erspürt –
was erst auf einer Liste stand,
wird in natura nun erkannt,
und wenn es dargebracht,
hat man davon Gebrauch gemacht –
was den belegten Teller ziert,
wird bald in einen Leib geführt
und ziert dann später auch noch einen Bauch –
was aufgegessen, ist schon bald vergessen,
es sei denn, dass zu viel dabei im Spiel –
der Schoß, der seinen Kloß gebar,

von Anfang an beteiligt war,
und auch am Ende
beschloss er seines Kloßes Wende,
denn zielgerichtet
ist dieser seinem Schoß verpflichtet.

---

betreffend sich selbst

Man ist verdammt zu dem, was angestammt,
damit man reife, indem man sich begreife –
pro-portioniert wird man nach Haus geführt –
verpackt und eingeteilt ein jeder bei sich selbst verweilt,
damit er räumlich fand, was zeitlich ihm gut stand,
und man ist froh, dass man nicht anders, sondern so –
betreffend dem ist man so für sich vorgesehn –
wie wunderbar, dass man nicht wie der andre war,
denn der hat als Erscheinung doch längst nicht unsre Meinung,
und überhaupt – man wär' sich ja geraubt –
das Studium zeigt, man ist sich zugeneigt
und wird auch noch nach Jahren sich so erfahren.

Das Bildnis

Ein Bild hing einst in einer Galerie,
wo man ihm einen Platz verlieh –
zwecks Echtheit seiner Reis'
erhielt es später einen Preis –
da hängt es nun und jeder denkt sich etwas andres aus
vor diesem Bild in diesem hohen Haus –
nur einer hatte lang davor gestanden,
als alle andern schon entschwanden,
er schien schon lang allein
und sah dies alles in dies Bildnis ein,
er war vom Fach mit seinem Ach –
das Bild und er, sie hingen ihren Gedanken nach –
der Maler, der dies Bild gefunden,
war lange schon der Zeit entschwunden,
nur dieses Bild, das er nicht unterschrieb,
war es, das von ihm übrig blieb –
lang hatten diese Malerstunden
den rechten Käufer nicht gefunden,
wer kauft schon gern ein Bild,
das ohne Namen und mit zerschlissnem Rahmen
seit langem schon in einer Ecke steht,
vom Staub der Zeit umweht –
die Heimlichkeit aus einer alten Zeit
hält dieses Bild bereit –
ein Maler, bis er sich gefunden,
hatte lange sich damit geschunden,
bis dass er etwas von sich sah,
das nun in diesem Bilde nah –
ein Innerstes, das man nicht gerne unterschreibt,
war diesem Bilde einverleibt,
deshalb fand man hier keine Spur
von der gesuchten Signatur –

ein Namenloses, das dies Bild enthielt,
ward mit geübter Hand hineingespielt,
ein Etwas, das sich durch den Maler schrieb,
war es, das uns hier übrig blieb –
kein Wort, das der Beschreibung würdig
und diesem Etwas ebenbürtig,
ein Unsichtbares, das den Blick umschwebt,
in diesem alten Bilde lebt –
nun hatten eines Malers Weihestunden
letztendlich doch noch einen Platz gefunden,
nur dass hier einer unterschrieb,
der ohne Namen blieb –
der Kenner, den die Zeit vergaß,
noch lange vor dem Bilde saß,
wo er das Dunkel seiner Nacht
dem Bilde zugewacht.

Vergleichs-weise

`camerada schreibiensis´ erfasst man die Verwendnis –
es ist so eine Art, wie man sich aufbewahrt –
Bewahrung schafft Nahrung –
Bewährung als Selbstverzehrung –
besessen als Selbst gegessen –
wer sich vermaß, sich selber aß –
man wär sich selbst zugegen, wär man am Über-legen –
man wär sich unverständlich, wär man als Leben endlich –
wer wollte sich begreifen, könnt' er nicht reifen? –
ein Baum trägt Früchte in altbewährter Dichte –
das Thema bleibt, wenn man beschreibt –
unfassbar weit wird man gescheit –
gescheitert wird nichts erweitert –

„ausgelegt"

Ein Markt tritt meist als Lage
und an sich selbst zutage,
was man und wie man's ausgelegt,
hat diesen Markt gepflegt –
ein Reiter einst zu Pferde
betrat dies Stückchen Erde,
das, wie du weißt,
auch manchmal Flecken heißt –
der Markt als Flecken
will seine Käufer wecken,
die sonst verträumt sich selbst
und diesen Markt versäumt –
nun war da dieser Reitersmann,
der sich und seinen Zweck ersann,
um die auf seinen Reisen
und auch dem Markte zu beweisen –
so kam er, wie schon oft gehabt,
auf seinem Pferdchen angetrabt
und ritt in diesen Marktplatz ein,
um eben mal dabei zu sein –
doch blieb für seine Zwecke
gar manches auf der Strecke,
weil solch ein Pferd nicht immer pflegt,
was auf dem Markte ausgelegt,
und vieles in die Brüche ging,
was vorher noch ein heiles Ding –
verkleinert nun im Stück,
erlag es diesem Missgeschick,
und Scherben, wenn auf einem Haufen,
sind nur noch schwerlich zu verkaufen –
nicht immer wird was gut gepflegt,
wenn es wo ausgelegt,
das sei bedacht,

wenn man es auf den Markt gebracht –
der Reitersmann ritt froh und heiter
auf seinem Pferdchen weiter,
es hat ihn nicht berührt,
was dieser Markt geführt,
es kommt bei solchem Reitersmann
sehr oft auf andre Dinge an –
mal ehrlich, sind solche Reiter nicht entbehrlich?

Das Kleid

Ein Ballkleid ist nur für den Ball gedacht,
es eignet nicht für das Gewand zur Nacht –
so hält wohl jede Zeit ein eignes Kleid bereit,
bis auf das Kleid, das zeitlos war,
was wiederum auch wieder klar –
„Ein zeitlos' Kleid, was das wohl wär?",
sprach eine Stimme aus dem Nebenher –
das Nebenher, es findet statt
für den, der davon Kenntnis hat –
die Kenntnis, die aus Übung resultiert,
zeigt uns das Kleid, das uns gebührt
für die gewissen Augen, die dazu taugen –
solch ein gewisses Ehedem
befindet dieses angenehm,
und, wenn gefragt, ein Kopf ist dazu angesagt,
wenn auch nur metaphorisch und illusorisch.

Schlüsseldienst

Es hatte einer lange vor der Tür gestanden,
bevor ihn seine Nachbarn fanden,
und auf die Frage, was er hier wohl mache,
erklärte er, dass dieses seine Sache –
die Nachbarn, die es gut gemeint,
warn, wie mir scheint
doch recht schockiert,
weil dieser sich so aufgeführt,
denn diesen Nachbarsleut'
bereitet es meist große Freud',
wenn sie in einer Schicksalsfrage
recht kennen diese Lage –
man steht nun mal nicht gern
und unbeteiligt einer Sache fern,
die, weil sie zu betrachten sei,
den Nachbarn nicht ganz einerlei –
man hätte gern gewusst,
warum der andre stehn gemusst
und ausgerechnet vor der Tür,
die doch schon lange hier,
man geht nicht gern vorbei,
wenn einer seiner Türe treu –,
der Lebensraum, der noch dahinter lag,
erwähnte das Ereignis kaum
fast jeden Tag steht einer vor geschlossner Tür,
ereignisreich und nach Gebühr,
um sich und diesem Raum ade zu sagen,
und sich in neue Räume vorzuwagen –
die Nachbarn sahen dieses Glück
als ein besondres Missgeschick,
sie wollten nicht am Abend schon im Paradiese sein
mit diesem rausgetretnen armen Nachbarlein,
denn was man hat, hat man an seiner Statt,

man fiele aus der Rolle, wenn man was andres wolle,
es wär ein schlechtes Rollenspiel,
wenn man dem Nachbarn nicht gefiel –
doch unser vorgetretner Mann war,
als sich das Gespräch entspann,
schon nicht mehr richtig da und diesen Nachbarn nah,
denn ihm oblag ein neuer schöner Tag,
den Schlüssel rausgezogen,
ist er sehr bald davongeflogen –
die Schwadronierergruppe
sah ihn wie eine Flügelschnuppe
am Horizont entschwinden,
der meist entfernter weise aufzufinden,
und dann wie einen Punkt im Nichts verwehn,
um daraus wieder aufzustehn –
man sieht, man wird geheilt, wenn man der Tür enteilt,
der Schlüssel im Begleitgepäck
enthüllt sich dann dem neuen Zweck.

Am rechten Fleck

Ein Anflug von Vergessen
war einem Flügel aufgesessen,
der Flügel war gelehrig,
weil einem Vogel angehörig –
ein Flügel ist meist sehr gelungen,
wenn einem Vogel angedungen,
weil es so mit sich bringt,
dass der ein Liedchen singt –
manch Zweck erweist sich erst am rechten Fleck.

79

Leben

Lebendig wird sich das Leben geständig –
erprobt auf die besondre Weise
geht dann das Leben auf die Reise,
der Ort, wovon es ausgegangen,
wird es am Ende wohl empfangen –
als Selbsterkenntnis zeigt sich das Leben in Verwendnis,
es ist gebaut, dass es sich selbst im Spiegel schaut,
wie wunderbar, dass es auch noch der Spiegel war –
im Universellen wird sich das Leben zu sich selbst gesellen,
denn alles, was es definiert, ist etwas, das sich selbst gebiert –
es wird erklärt durch das Erklärliche, das sich erfährt,
es kann mitnichten auf sich verzichten,
denn alles, was sich denkt,
ist das Lebendige, das sich verschenkt,
und doch, mal ehrlich, es bleibt uns unerklärlich,
der Punkt, wo es begann, ist, dass man's nicht erklären kann –
die Blume auf der Wiese, sieht sie sich als diese,
ist weit davon entfernt, dass sie etwas draus lernt,
sie weiß nicht um den Preis,
den sich das Leben zahlt, damit es sich so ausgemalt,
sie blüht in sich und ist's damit zufrieden,
sie zeigt, für was sie sich entschieden –
das eben macht das Leben aus,
dass es erblüht im eignen Haus,
das Leben ist bestrebt, dass es sich selbst erlebt,
Erkennen, das sich selbst erkennt, man so lebendig nennt –
dies „man" erklärt sich leicht als Nebenan,
was deutlich macht, dass es sich separat gedacht,
doch schließt es der Gedanke ein in ein Lebendig sein –
dies sei ein Ur-Teil, oder es sei keins:
Betrachter und Betrachtetes sind eins,
so bleibt es, wenn es ehrlich, sich selber unerklärlich –
solang ein Instrument das, was es misst, auch selber ist,

zeigt es sich nur in heil'ger Pflicht das eigene Gesicht –
das eben bringt die Schwierigkeit ins Haus:
man ist der Spieler – und auch der Applaus.

Die Kerze

Es hatte einer eine Kerze an,
damit er sich was helfen kann,
im Licht erledigt sich die Pflicht –
die Flamme, die das Licht bestreitet,
ist weiter oben aufbereitet,
denn das Bestreben
will alles in den Himmel heben –
der Körper, der als Kerze brennt,
darüber eine Flamme nennt,
was Sinn und Zweck erfüllt,
sich in der Flamme stillt –
die Kerze, wenn sie Tränen weint,
als Licht erscheint,
es flieht, was in der Flamme blüht,
denn scheinbar ist gedacht,
was sich als Licht erreichbar macht –
erst wenn es angekommen,
wird es als Licht vernommen,
das Medium zeigt, wem es sich zugeneigt.

Der Mund

„Das brauchst du nicht zu wissen",
so sprach zum Mund das Küssen –
der Mund, als Rätsel, aß vor Verzweiflung eine Brezel,
mit solcher Bäckerkunst vertreibt man eines Mundes Dunst,
der nun nicht mehr umnebelt und eingeknebelt –
der Winkel, wenn an einem Mund,
zeigt diesem, wie es um ihn stund,
in einem Winkel ist oft aufbewahrt,
was sich dann später offenbart
an einem Munde und zu gegebner Stunde –
der *Kuss* zeigt als Beschluss,
was man so nebenbei noch kennen muss:
was einen Mund geziert, sich oft in einen Kuss verliert,
denn der Kontakt hat meistens etwas abgezwackt,
und sei es nur die Form von einer Norm –
vielseitig zeigt sich die Vollendung
an einem Munde als Verwendung,
es ist so eingerichtet, dass dieser sich dazu verpflichtet,
so weit – so gut, solang er es auch tut –
die Lippe weich, entstammt noch aus dem Kinderreich,
wiewohl man nur was taugt, wenn man wo dran gesaugt,
auch später, groß am Mann,
man schwerlich davon lassen kann –
und nicht zuletzt das Wort wählt einen Mund als Ort,
denn was die Rede fördert, wird einem Mund beörtert,
nur will nicht immer munden, was diesen Weg gefunden –
doch stimmlich aufgeheitert
wird unser Mund, wenn ihn ein Lied erweitert,
es ist uns nahgegangen, was stimmlich angefangen,
die feinste Regung zeigt stimmliche Bewegung –
der Mund dem allen offen stund,
an ihm wird ausgeheckt, was noch dahintersteckt,
als Mehrzweckinstrument zeigt er sich nie davon getrennt –

doch erst an dem geschlossnen Mund
tut wahre Meisterschaft sich kund,
wenn er sich neigt vor dem, was in ihm schweigt.

---

entsprechend

Ein Wurm kam einst in Wochen
und ist sich selbst entkrochen –
was kreucht und fleucht behält sich lieber feucht,
entsprechend dem ist man sich angenehm,
Affinität zum Meer gibt dazu die Gewähr,
so spricht die Eignungsprüfung von Vertiefung,
der Wasser-Stand zeigt an,
wie weit man sich das leisten kann –
vor-läufig heißt ein Fluss,
bei dem noch etwas kommen muss,
was nach-her kommt, dem Vor-Lauf frommt –
man hält, was man verspricht,
verspricht man, was man davon hält,
so zeigt die Welt, was uns an ihr gefällt.

Die Sicht

Die Zipfelmütze erfreute sich an ihrem Sitze,
man sitzt mal eben, um etwas zu erleben,
und ist gedacht als das, was sich erlebbar macht –
der Kummerspeck saß auch an einem Fleck,
das wiederum war doch recht dumm,
denn was sich so ermisst,
nicht immer auch willkommen ist –
damit man sich belehre,
gereicht man sich zur Ehre –
auch ein Laternenpfahl
befiehlt sich seinem Es-war-einmal,
und nicht zuletzt auch noch figürlich,
was rundherum an ihm erspürlich,
vom Oben bis zum Unten
wird man als gleich befunden,
was aber nicht besonders stört,
weil es dazugehört –
am Ende, weiter oben,
lässt sich der Zweck erst loben,
dort hebt die Pflicht
des Pfahles Zweck in weite Sicht,
weil man belehrt dort mit dem Licht verkehrt –
als Ganzes ist man nur erbaut,
damit man sich im Licht beschaut,
denn erst beschaulich
wird man an sich erbaulich –
der Kreis ist wohlgepflegt,
wenn er aus Licht um uns gelegt,
nur manchmal hat man weiter unten
aus andern Gründen stattgefunden,
zum Beispiel an mit beinbehobnen Hunden,
die, gleich vorausgegangner Leidgenossen,
den armen Pfahl begossen –

in unteren Bereichen
erkennt man eben andre Zeichen –
nur selten war ein Hundchen da,
das auch mal kurz nach oben sah,
denn bald, bevor der Blick vollendet,
ward es von oben her geblendet –
so bleibt man lieber bis zur letzten Stund'
ein Leben lang ein treuer Hund,
wie sich's für einen Gast gebührt,
der sich im Unteren verliert –
wie gut, dass man in dieser Welt
sich brav an eine Leine hält,
woran denn, das ist klar,
auch noch ein zweites Ende war,
das vor der Hand mit einem Herrn bekannt –
man sei in guten Händen,
will man den Hunde Weg beenden,
so ward man denn auch jede Nacht
zu seinem Pfahl gebracht,
um sich und sein Geschehn im rechten Licht zu sehn,
und denkt, man sei schon weiter oben,
wenn man das Bein gehoben.

Der Endzweck

In Bälde zu Felde, damit man etwas gelte? –
der Ab-Grund in sich selber stürzt,
wenn er den Weg verkürzt –
der Stoß, den die Trompete rief,
sehr bald der Zeit entschlief,
funktionsgerecht im eigenen Geschlecht,
der Vorteil, den man hat, befindet sich an seiner Statt –
Trompeten, wenn sie in Gebrauch,
verstehen sich als Blasen auch,
natürlich nur aus zweiter Hand,
was allgemach wohl auch bekannt –
der Ton, wenn er das Blech verließ,
schon bald ganz anders hieß,
das Instrument ist namentlich davon getrennt,
dem Werkzeug wird nicht oft gedacht,
wenn man Musik gemacht,
weil es genügt, wenn uns der Ton vergnügt –
bevor er aufgeklungen,
ist noch so mancherlei gelungen,
dem sollt' das Tönen Rechnung tragen beim Weitersagen –
der kluge Mann stellt seine Überlegung an,
soweit sein Stellenwert das kann,
und nicht zuletzt das Ohr, in dem das Tönen sich verlor –
der Komponist, der seine Flagge hisst,
mit dieser sich am Winde misst,
gesteift ist eine Flagge ausgereift:
sie zeigt die Richtung an,
in die der Wind entfliehen kann,
bis dass der Wind den Weg in die Trompete find' –
doch wird er vorher noch verwandelt
von einem, der mit Tönen handelt,
und eh man als Musik gedacht,
wird erst mal noch Station gemacht,

bis einer, der Trompeter hieß,
den Wind in die Trompete stieß –
hier nun vergoldet sich die Luft
mit dem Trompetenduft,
verwandelt von der Enge in liebliche Gesänge –
der Weg, den man als Ton beschreitet,
wird lange schon vorher bereitet,
auch das Gefühl erlebt sich beim Trompetenspiel,
die Welle, wenn als Schall, beweist die Dinge all,
die sich als Weitersagen dem Tone beigetragen –
doch wenn die Melodie sich schenkt,
man nicht mehr diesen Weg bedenkt,
jetzt stellt sich etwas Neues vor,
in das sich das Gefühl verlor –
ein Ton, der sich dem Endzweck neigt,
hat jetzt erst seinen Sinn gezeigt –
es ist wohl klar, dass dieser auch der Anfang war.

Verzicht

Ein Pazifist etwas Besonderes ist –
wer lebt schon gerne als Verzichterklärung
ein Leben lang nur auf Bewährung? –
er hat im Kampfgeschrei
stets sich und seinen Gedanken dabei –
er feiert zur Erprobung mit dieser Welt Verlobung,
damit er im verlobten Land
des Lebens Prüfung auch bestand.

Die Interpretation

Zwei Esel treffen sich – da sprach der eine:
„Du, ich kenne dich",
obwohl nicht klar, ob der nicht doch ein andrer war –
der zweite hatte aber schon erwidert:
„Mein Bruder, siehst du nicht, dass ich gefiedert?" –
und als der erste recht geschaut,
war'n dem zwei Flügel angebaut,
so ungewöhnlich es auch klingen mag:
es trat ein Eselengel an den Tag –
ein Flügelross war schon genannt,
ein Flügelesel kaum bekannt,
obwohl der Esel in der Eselwelt
schon etwas dargestellt –
damit er sich zu was verpflichte,
schrieb er des öft'ren denn auch mal Gedichte,
so ward nun manchem Esel klar,
dass dieser hier ein Dichter war –
der Flügelesel schrieb
am liebsten, was dem Esel lieb,
und so zum besseren Verständnis
erleichtert er sich die Verwendnis –
wie schön, dass man sich sprachlich findet,
wenn einer sich mit Worten schindet,
es wäre unerhört,
was sich nicht wörtlich widerfährt –
was einem Esel zugedacht,
sich vorher lesbar macht,
wie wunderbar, dass dieser auch ein Esel war,
denn seinesgleichen lässt sich gut erreichen,
man findet oft verständnisvoll,
was man vom andern haben soll –
so greift man gern zurück
auf eines Esels Dichterglück
und hat beseelt die Stunden

von diesem nachempfunden,
so weit sie, noch vorhanden,
auf dem Papier gestanden –
man sieht, sobald der rechte Ton getroffen,
steht uns die Eselwelt schon offen,
ein Esel, der den andern preist,
sich bald als ein Genie erweist –
so haben Götterstunden
stets einen Leser auch gefunden,
sofern dem Leser dabei klar,
dass er ein rechter Esel war.

---

zeiträumlich

Unkenntlich zeigt die Welt sich manchmal sehr entstellt –
zeiträumlich ist sie gut gepflegt, wenn man sie ausgelegt,
weil man so, Gott bewahre, etwas von ihr erfahre –
nur dass bei diesem Seinerlei auch noch die eigne Sicht dabei
und die, bei aller Pflicht, doch recht persönlich ist –
das Maß hat, um sich zu gestalten, stets Maß gehalten,
es wäre vermessen, als Maß sich zu vergessen –
ein ausgelegtes Mosaik erklärt sein eignes Glück,
es wird als seine Welt meist bildlich dargestellt,
obwohl es, eingestanden, auch schon vorher vorhanden,
nur eben rein gedanklich nur
und als Gesuch auf seiner Spur.

Das Wagnis

Ein Sprungtuch war gehalten,
dem Oberen sich zu gestalten –
der eben sprang aus Feuersnot
in dieses aufgehaltne Springerboot –
tiefsinnig fällt auf jeden Fall
der Springer in dies Arsenal –
ein Feuer, wenn es gut gepflegt,
pflegt einen, der sich mit ihm angelegt,
nur zieht er sich zu seinem Glück
aus der gelegten Glut zurück
und hat gesprungen weiter unten
als solcher stattgefunden –
das Feuer ist als Wehr verpflichtet,
dass man sich daran ausgerichtet,
und ist gehalten,
am Tuch sich kreisrund zu gestalten –
so sei denn wohlgezielt
ein Sprung, der mit dem Feuer spielt –
mit Spannung wird der Sprung erwartet,
der oben aus dem Feuer startet –
Bereitschaft ist die Eigenart,
die man als Tuch sich aufbewahrt,
so pflegt man denn von nebenher
mit einem Sprungtuch den Verkehr –
wer wagt, gewinnt,
gewinnt er sich als der, der wagt,
und hat dem Ganzen, wie gefragt,
letztendlich zugesagt.

Ein langer Weg

Ein Minarett, wenn sich nicht hätt' –
es kroch ein Wurm auf diesen Turm,
ein langer Weg, steilwandig schräg –
als oben angekommen,
hat er dann Platz genommen,
er wollte sich und seine Aussicht loben,
so weit dort oben,
vielleicht dem Rufer helfen
zur Mittagszeit um Zwölfen –
doch bald erkannte er im Grimme:
er hatte weder Aug' noch Stimme,
denn nichts dergleichen spürt
ein Wurm, der sich auf einen Turm verliert –
sein Stelldichein muss weiter unten sein,
es stört, wenn man nicht recht wo hingehört –
so kroch der Wurm mit viel Verständnis
zu seiner unteren Verwendnis –
das jedenfalls hat er erkannt:
nicht überall ist Heimatland,
man hebe diesen Lebenslauf
sich für ein wenig später auf –
die Zeit, auf die man wartet, ist schon gestartet –
etwas entfernt steht als Gelegenheit
für ihn bereits ein Turm bereit.

Die Wellenlänge

Ein Opernhaus mit viel Applaus,
nur schaut man nicht zum Fenster hinaus,
was denn wohl klar,
weil keins davon zu finden war –
was solchem Haus gebührt,
ist mehr von innen her notiert,
gesangergeben kann man in diesem Hause leben,
spezifisch und gewichtig
wird man in diesem Hause tüchtig –
minuten - stunden - jahrelang
erfreut uns denn auch der Gesang,
die Pausen mal nicht mitgezählt,
in denen uns die Stille quält –
in diesen nicht bezahlten Intervallen
mag uns das Innen nicht so recht gefallen,
man fühlt sich oft gestört
von dem, wo man nichts hört –
um dies zu überbrücken,
möcht' man den Nebenmann beglücken,
indem man ihm erklärt,
wie man sich sonst bewährt –
doch dieser ist nicht immer zugeneigt
dem, was man ihm so vorgezeigt,
denn rein vom Thema her
liebt man nicht immer den Verkehr
und lauscht leicht weggekrümmt,
wenn dieses nur beim Nachbarn stimmt –
doch irgendwann
dann wieder der Gesang begann
und man wird reich beglückt
in seine bessre Welt entrückt –
wenn der Gesang ertönt,
wird jeder Nachbarsmann versöhnt,
ist man auf diesen Punkt gebracht,

wird man vereint gedacht –
von vielen wird geliebt, was sich im Singen übt,
es eint, was als Gesang gemeint,
vorausgesetzt, man setzt voraus,
dass man mit ihm im selben Haus.

---

erfahrend

Manch einer zaudert, bevor er plaudert,
nicht immer ist ein Wort am rechten Ort –
die größere Sicherheit
hält sich als Schweigen wohl bereit,
bis dass man denn erfährt,
mit wem man hier verkehrt –
der eine steht dem andern offen,
wenn er den rechten Ton getroffen,
die Resonanz versteht das ganz –
die Saite schwingt,
wenn man in ihrer Spannung singt.

Sicht-Punkt – Punkt-Sicht

Ein Punkt, hätt' er sich um sich selbst gedrückt,
wär' sehr missglückt –
doch dieser Wille bedarf der Hülle:
ein Punkt, wenn er sich so geschah,
war sich schon vorher nah,
es wird ihm nie gelingen,
sich um sich selbst zu bringen,
was da ist, kann sich nicht verschwinden lassen
wie der Kaffee aus leer getrunknen Tassen –
die Suche, steht sie einem Gast zu Buche,
entdeckt ihn weiter innen,
um ihn als Zustand zu gewinnen –
man sieht, das Wo hat stets ein Wie zu Gast,
und wer es sucht, der sei darauf gefasst –
der Punkt jedoch, wenn er aus Licht,
verhilft zu einer andern Sicht,
weil es sich hier um einen Sichtpunkt handelt,
der sich aus Licht in Licht verwandelt,
und der sich nur gestaltet,
wenn ihn die Dunkelheit verwaltet –
die Nacht, wenn sie als Hintergrund gedacht,
hat einen Punkt als Licht gebracht,
denn Licht in Licht entbehrt als Punkt der Sicht –
ein Hell-in-Dunkel-Offiziant
wird erst als Licht bekannt,
ganz offiziell bezeichnet er die Stell',
wo er sich offenbart und hinbewahrt –
doch nur ein Interpret sich einen Punkt gesteht
und was er in der Welt für diesen hält –
wenn keiner da, der diesen Punkt besah,
stellt er sich anders dar,
weil er ein Punkt nur für sich selber war –
ein Punkt, wenn er sich selbst gefiel,
ist dieser Sicht ein Kinderspiel:

94

was in sich selber ausgebreitet,
ist diesem Zustand zubereitet,
und niemand, der den Punkt von außen sah,
ist diesem innern Punkte nah,
er sieht die Haut, doch nie, was ihn als Innen baut,
die Dimension, die diesen Punkt bestreitet,
ist etwas, das sich selbst erleidet –
tonlos als Ton, wortlos als Wort,
und immerfort am selben Ort –
als Stellen-Los an ewig festgelegter Stelle –
als Lichtgeburt in nie gesehner Helle –
das macht den Punkt als Stelle aus,
die ewig in sich selbst zu Haus –
das eben weckt den Punkt ins Leben
und bringt das Leben auf den Punkt –
ein Etwas, das schon vorher war,
uns diesen Punkt gebar –
es ist des Sehers Sache,
was er aus diesem Punkte mache.

Die Sanduhr

Wie quicklebendig ist man sich geständig,
die Eieruhr zählt die verborgten Stunden nur,
für den, der sie nicht sah, ist sie nicht da –
der Durchlauf sei gestattet, bevor die Uhr ermattet,
er rinnt für den, der sich be-sinnt –
die Stunde zählt nur der, der sich mit ihr vermählt,
vollkommen ist nur, was man wahrgenommen,
der Sinn erst zeitigt den Gewinn –
der Sand in seiner Uhr lässt keine Spur,
er überdenkt sich, wo er eingeengt,
an dieser Stelle beschreibt er sein Gefälle,
und aufgehalten wird sich dort seine Zeit gestalten –
man muss sich einen Gefallen tun, um von sich auszuruhn –
ein Sortiment von Sand sich erst im Korn erkennt,
detailgetreu beschreibt es seine Stunden neu –
der Raum, wenn unten, ist gewillt, dass ihn ein Oben füllt,
ein Hoch dem Neuen, will es sich am Unten freuen –
das Ganze ist in Glas gerahmt, wenn räumlich nachgeahmt,
manch Schauobjekt sich hinter Glas versteckt,
damit man sieht, was diesem blüht –
die Zeit wird nur gesehen man verstehen,
oft ist, was zeitlos war, dann unsichtbar –
das ist die Konjunktur von einem Ach-wo-war-ich-nur? –
der Frager fragt nach dem, was er sich vor-gesagt,
so wird er handlungseinig mit dem, was vorher seinig –
Sein oder Nichtsein ist hier keine Frage,
denn nur was ist, tritt auch an sich zutage –
so eben darf sich Sand als Uhr erleben,
doch nur er sich die Zeit gesteht,
wenn einer ihn nach oben dreht,
erst dann fängt er das Spiel von vorne an,
bis irgendwann ihm der Verzicht das Glas zerbricht.

Sich selber eingedenk

Es ist schon, wie es ist, wenn man sich an sich misst,
man hätte nichts zu sagen, wär da nichts vorzutragen –
man macht sich zum Geburtstag zum Geschenk,
sich selber eingedenk,
woran man denn ermisst, wer man schon immer ist,
es gilt die Wette, dass man sich sonst nicht hätte –
mit Zittern und mit Zagen hat man sich vorgetragen,
kommissarisch exemplarisch,
das Selbe ist sich selber zugetragen,
beim Gleichen lässt es sich erfragen –
ein Wort wird lange zum Verlieben großgeschrieben,
sodass es lesbar ist und sich nicht selbst vergisst –
der Abgrund kann sich messen an dem, was er besessen,
ein Wohl dem Wehe, damit es sich besehe –
es gäbe kein Florett, wenn man nicht auch das Fechten hätt',
wir fochten mit dem, was wir vermochten,
ein Hindernis wird groß durch einen Stoß,
dem Drang sei nachgegeben, will er im Stoße leben –
man hat sich aufgebaut, was man sich zugetraut,
Trauung als Erbauung – exemplarisch jubilarisch,
das frische Blut tut einem Herzen gut,
die Eigenschaften wollen sich ver-kraften –
überkommen hat man sich vernommen,
man wird geführt, wenn man wo hergerührt,
auf Ehre und Gewissen – man hat sich kennen müssen.

In Vergessenheit geraten

„Wie schade", sprach die Made,
„man kann nicht ganz allein und ohne Apfel sein,
erst wenn man diesen aufgegessen,
kann man sich rein und an sich selbst ermessen –
solange man in einem Apfel saß,
war der allein das rechte Maß:
vergessen all die Falterträume und alle Apfelbäume,
man schaut nur, was mit einer Haut umbaut –
erst wenn man lang genug gefressen,
wird man das dunkle Sein vergessen" –
die Welt vergaß, wer gerne und genug von dieser aß –
die Apfelwelt, mit ihren Lenzen, hält sich in Grenzen,
doch eben – man muss sie halt durchleben –
was man als Wurm besessen, ist angemessen,
der Schnupfenspaß bedingt die Nas
als Rekrutierung einer Führung –
erst wenn man sich als Falter sah, ist etwas Höheres nah,
beim Stiftungsfest ist man dabei gewest –
der Raum, wenn er mit Luft gefüllt, das Fliegen stillt,
vergessen ist der Apfelbaum als ein gewesner Traum,
wie wunderbar, dass man vollkommen und ein Falter war –
auf jedem Flügel steht geschrieben:
„du sollst das Oben lieben,
denn eben da ist man dem Himmel nah,
das Unten ist nur für gewisse Stunden
als Blütentraum an einem Apfelbaum" –
trotz allem muss uns diese Welt gefallen,
die Made sei ihrem Apfel nicht zu schade,
beim Näherrücken wird man sich dran entzücken.

In Geduld gefasst

Er hatte einen Edelstein gefunden,
als er sich dazu überwunden –
wer überwindet, der auch findet –
es kommt stets auf den Stellplatz an,
ob man an ihm was finden kann –
ein Protokoll, wenn es geführt,
sich brav an diesen Platz verliert –
soviel sei noch gesagt: Man sagt nicht gern zu viel,
letztendlich war es nur ein Spiel,
ein Stein, wenn in Geduld gefasst,
ist diesem Rahmen angepasst,
es liegt nicht nur am Stein, wenn lang er liegt,
jedoch mit Protokoll wird solch ein Stein besiegt –
die Landschaft, wenn in Schutz genommen,
ist dem Gesetz willkommen –
lang ist sie unberührt geblieben,
wenn dem Gesetz verschrieben,
und doch kommt an den Tag, woran ihr lag –
gelegentlich hat solch ein Stein mal einen Urlaubschein,
es tut ihm gut, wenn er mal ausgeruht.

---

abgründig

Ein Abgrund, wenn er sich auf sich berief,
ist meistens etwas tief,
die Uhr geht schneller, geht sie in einen Keller –
was weiter unten, wird öfter nicht für gut befunden –
ein Grund, wenn ab und an begründet,
ist etwas, das sich wo befindet –
der Name, wenn er sich erfährt,
hat die Bedeutung sich erklärt,
ein Seufzer, wenn mit Stoß,
entflieht dann namentlich aus seinem Schoß
und jeder weiß, dass er als Name auf der Reis' –
ein Etikett, wenn es wo aufgeklebt,
den Namen aus der Taufe hebt,
der sich ersann für einen, wenn er lesen kann –
einst ward ein Engel dieser Welt
als Namenloser herbestellt –
dem Engel war wohl klar,
dass er schon läng're Zeit derselbe war,
doch andre fanden, dass sie damit nicht einverstanden –
so wird denn kategorisiert
der Engel als mit Namen wo geführt,
denn ist man unter Leuten,
kann man als Name viel bedeuten,
man wird vollkommen,
wird man von Leuten in den Mund genommen
und gut gekaut dann auch verdaut –
der Engel, was wohl klar, nicht ganz derselben Meinung war,
er hat denn auch gekündigt
und sich, rein namentlich, entmündigt,
und abgrundtief er namenlos entschlief –
im Traum sah er sich auferstehn
und flügelreif nach Hause wehn.

Die Marke

„Nicht erschrecken", sprach die Marke zum Lecken,
„mein Hintergrund sucht einen Mund,
so angefangen bin ich um die Welt gegangen" –
der Lecker war ein alter Schlecker
und nahm die Maid im Sonntagskleid,
denn wohlbekleidet ist man wohlgeleitet,
nur dass man auch bestrebt, dass man wo aufgeklebt –
dem Inhalt bleibt man treu, auch wenn die Marke neu.

Der Spatz

Ein Spätzchen hatte die Nachtigall zum Schätzchen,
ein Federkleid hält manchen Schatz bereit –
nur eben will das Singen nicht jedem recht gelingen,
nicht alles, was sich mit Gesang befasst,
dann auch mit wem zusammenpasst –
stilistisch rein muss stets ein Sänger sein,
ein langer Atem kann wohl hier nicht schaden,
auch muss man, nächtlich zugetragen,
dann „Guten Morgen" sagen,
damit auch jeder versteht, worum es dabei geht.

---

verfehlt?

Man hält sehr viel von dem Gebrauch im Kirchenspiel:
da wären die Auferstehung von den Toten,
die Senkung mancher Steuerquoten,
die Achtbarkeit hält mancherlei davon bereit,
weil meistens sich bezahlbar macht,
was man sich ausgedacht –
was man erst als Idee gehabt, ist geldbegabt,
mit solcher Gabe begibt man sich zum Grabe –
was man erspart, wird meistens aufbewahrt
als Endzeitillusion von einem Man-wusst-es-schon –
so kann man ruhig liegen
und dann dereinst gen Himmel fliegen,
der Augenblick als Ewigkeit
steht lange schon dazu bereit –
jedoch es wäre grausam, wär man hier beendet aufgewendet,
die Wirkung wär für manchen Schuft verpufft,
des Lebens Weihe der Abschluss einer Reihe,
und alles, was man angestellt,
blieb ungesühnt in dieser Welt –
Gerichte wären ohne jegliche Geschichte,
das Blau als Himmelszelt umsonst bestellt,
der Vogelsang wär nur ein Seufzer bang
und was man aufgezählt nur abgequält –
man hätte sich auf tausend Fragen nichts mehr zu sagen,
strikt abgebrochen hätte man ein letztes Wort gesprochen,
und keiner hätt' gefragt, was ihm noch zugesagt –
man wär sich selbst genug im Selbstbetrug
und jegliche Karriere wär voller Leere –
kein Hahn hätt' wohl nach sich gekräht,
wenn solcherlei für ihn besteht –
man sieht, dass irgendwas noch weiter blüht,
anteilig ist und reserviert, was uns nach Haus geführt,
und jede Schnecke kriecht froh auf dieser Strecke –
deshalb ist angebracht, dass man sich hier Gedanken macht,

denn die Gepflogenheiten wollen einen Sinn bereiten –
weil man sich nah, ist man wohl länger da,
denn keiner, dem die Zeit zum Kranz gebunden,
hat sich ein Leben lang umsonst geschunden –
der Zirkel, wenn er sich im Kreise dreht,
sich eine Linie eingesteht –
wer könnte sagen, wo sich ein Ende zugetragen?

Opfertod

Das Osterei erst einem Auge blüht,
wenn man's in Farbe sieht –
so wird es, eh es weiß verblichen, angestrichen
und zeigt als Mancherlei der Welt ein buntes Ei,
denn sonst käm's unter andrem Namen zu den Damen,
so dient die Farberhebung einer Namensgebung –
ein zweites Mal ins Nest gelegt,
wird solch ein Ei gepflegt,
man sieht ihm dann auch diese Pflege an –
ein *Osterei* wird erst gemocht,
wenn bunt und hart gekocht,
das ist wohl klar,
weil das sein Schicksal war –
nur wird dadurch verhütet,
dass man es ausgebrütet –
jedoch ist es beim Osterfest dabei gewest
und stirbt beim Vesperbrot den Opfertod.

An sich ‚gerichtet‘

Ein Stacheligel gab sich Brief und Siegel,
dass er die längste Zeit allein gewesen –
und um das später nachzulesen,
schickt er das Schreiben, und das nicht zu knapp,
auch wirklich an sich ab –
dann nach der vorgegebnen Zeit
war es dann wohl so weit:
das Briefchen kam mit viel Applaus
geflattert in das eigne Haus,
ward dargebracht von einem, der das immer macht –
es war nun wohl das erste Mal,
dass sich ein Igel seinem Brief empfahl,
und er erzählte bei Gelegenheit
von dieser Tat den andern groß und breit,
und jeder Igel lauschte dem Berichte
von dieser ungewöhnlichen Geschichte –
ob Igelin, ob Igelmann,
schon bald fing man zu schreiben an,
und jeder war von früh bis spat
für sich der eigne Adressat,
die Post verdiente bei der Hitze von diesem Gefecht
nicht schlecht:
die Marken nahmen ab und wurden knapp,
und beim Papierverbrauch geschah das auch –
der Rede langer Sinn bracht‘ manchem,
der sie schrieb, Gewinn,
und alle hatten sich sehr lieb,
denn jeder las nur, was er selber schrieb –
„Das Ganze sei gedacht,
dass es derweilen Schule macht“,
so war die allgemeine Meinung
von dieser Schreiberscheinung –
und so ward manches ausgebügelt,
weil man sich selber eingeigelt,

denn einer, der sich selber schrieb,
der hatte sich als Schreiber lieb,
und jeder sagte Gute Nacht,
wenn einer ihm den Brief gebracht,
man sich darauf berief,
dass man nun besser schlief –
am Morgen, als der Tag erwacht,
ward jedem Igel dargebracht
ein Brief, den er sich selber schrieb,
wie hatte sich solch Igel lieb –
es zeigt uns dieser Schreibeffekt,
dass manches noch in uns versteckt,
denn wer von sich aus auf sich selber schließt,
hat die Gewissheit, dass er das auch liest –
und voller Seelenruh'
drückt er am Abend dann die Äuglein zu
und sagt sich Gute Nacht,
weil ihm was Liebes dargebracht.

---

letztendlich

„Was willst du eigentlich?",
so sprach das Eigentliche zum Wollen –
dem Wollen fiel dazu nichts ein,
es wollte nur das Wollen sein,
erst später, als es damit fertig war,
fand es die Frage wunderbar –
die Ruhe hält, als Selbstverbleib,
weit mehr von diesem Zeitvertreib,
letztendlich zeigt sie dann dem Wollen,
was es von sich hat haben sollen.

Die Rechnung

Die Rechnung, wenn bestellt, erscheint als Welt:
recht schwarz gekleidet und wie ein Ober zubereitet,
die Hand mit einem Tablett, damit er was zu bieten hätt' –
einschlägig mit Beschlag belegt sich dort ein Umschlag pflegt,
der Gast schien auf dies Ding gefasst –
stets ist, was als Danach gebracht, dem Vorher zugedacht,
ein echter Gast, der weiß um solchen Preis –
diskret im Hintergrund
stand nun der Ober mit verschlossnem Mund –
geöffnet und erachtet man ein Couvert betrachtet,
in-Folge dessen hat man die Rechnung dann besessen,
und mit Verwundrungsblick
betrachtet man das Glaubensglück –
es ward Genüge getan dem Mann von neben dran
und brav bezahlt, was man sich ausgemalt –
man ist beliebt, wenn man sich in Geduld geübt –
der Ober meist Verständnis findet
bei einem Gast, der sich ihm überwindet,
ein passend' Kleid zeigt er der passenden Gelegenheit –
ein Mann, der schwarz gekleidet, ist festlich zubereitet,
mit Huld und Würde trägt er des Kleides Bürde,
was angemessen, das hat man auch besessen –
es scheint mir therapiebedingt, was man dem Gaste bringt,
und Höflichkeit am Wort bezaubert solchen Ort –
was unten angefeuchtet, wird stets von oben her beleuchtet –
ein Lippenpaar dabei zugegen war.

Der Freier

Einst saß an einem Weiher ein stillbeglückter Freier,
und es war offenbar, dass er nicht mehr der Jüngste war –
ganz selbstvergessen hat er davor gesessen –
warum, wozu, wofür war er schon lange hier,
Gott sei's gedankt, von Efeu eingerankt? –
kaum einer kam, der ihn in seine Blicke nahm,
er saß und saß, und keine Zeit ihn mehr bemaß –
wie lang er unbemessen so dagesessen – wer weiß?
es war das Ende seiner Reis',
und tief versunken hat er den Weiher ausgetrunken –
wer wohl der Freier war an diesem Weiher klar,
so selbstvergessen, in sich eingesessen? –
er saß auf seinem unsichtbaren Thron seit vielen Jahren schon,
wie wunderbar, dass er sein eigner König war
in seinem Reiche, gleich neben diesem Teiche –
ganz silbermild sah er darin sein Spiegelbild,
von Winden fern in diesem Wasserstern,
so stillversunken, bevor er diesen ausgetrunken,
bis dass der Abend kam und beide in die Dämmrung nahm,
ein Vogel, der den Tag verschlief, nun durch das Sterben rief –
der Freier, der in seinem Bild ertrunken,
hat leis' der Nacht gewunken,
die, wie mir schien, ihm lange schon verliehn –
wie wunderbar, dass er sein eigner Freier war.

107

selbstbegehrlich

Es scheint wohl klar,
dass man sich unausweichlich war,
sowohl vom Namen her,
als auch im Selbstverkehr –
und weil´s beliebt,
man gerne mit sich selber übt,
was sehr erfreulich, da man doch der von neulich,
und weil es denn wohl angeraten,
sich als man selber nicht zu schaden,
vielleicht auch, weil es sehr verbreitet,
dass man sich selbst erleidet –
wer hätt´ sich schon erstritten,
hätt´ er nicht an sich selbst gelitten? –
man ist sich eben zugedacht,
weil man von sich Gebrauch gemacht,
woran man denn ersieht,
man ist stets der, der uns hier blüht –
zusammenfassend kann man sagen:
Man ist stets der, der sich hier zugetragen,
und noch viel deutlicher ist man gesagt
als der, der irgendwann nach sich gefragt –
so wird letztendlich denn auch klar,
wie viel hier von uns fraglich war.

Risiko

Grundehrlich lebt man sehr gefährlich,
vor allem, wenn man weitersagt,
wonach noch keiner hat gefragt –
die Antwort wird zur Plage,
erscheint sie ohne Frage –
das Risiko sucht sich ein Ebenso,
nur dass das Ebenso dann nicht sehr froh –
will man sich hier als Zeit vertreiben,
wär's besser, sich nichts schuldig zu bleiben –
die Antwort steht schon längst bereit
als Frage und als Zeitvertreib,
und was man daraus mache,
ist jedem seine Sache.

Nähe

Gestehe, dein Wesen ist Nähe –
wenn auch im Abstand verzückt,
du bist dir nah gerückt –
wo gefiele dir was,
wärst du nicht selbst dir Gelass? –
nicht eingesessen,
du könntest dich ewig vergessen –
das Etwas, das lang in dir rief,
wär wie ein Schlaf,
der ewig entschlief.

---

an-geeckt

Ein Unikum stand einst an einer Ecke herum –
oft hat sich etwas dargestellt
an einer Ecke dieser Welt,
dem man nicht sehr gewogen,
wenn man mal grad um sie gebogen,
was symptomatisch ist
für einen, der sich so bemisst –
der Stoff, wenn er sich als Gespräch erweist,
auch gern um eine Ecke reist,
ein Knick macht diese Reise schick,
soweit derselbe an der Straße
und noch dazu vor einer Nase,
denn Nähe dient dem Wort als Würze,
damit man sich auf sie und es dann stürze –
dem Wortlaut ist sehr wohlgetan,
kommt er aus einem Munde an,
weil dieses Fachgebiet
sich gern mit einem Worte sieht,
soweit es offen und recht gut getroffen –
vor allem ist man int'ressiert,
dass man es nicht umsonst verliert,
und mit besondrer Stärke
geht man als Mund zu Werke –
es gut zu diesem stand,
der nebenbei das Wort erfand,
denn recht arzneilich
wird man als Wort verzeihlich,
weil gerne man als Rede hört,
was uns am Nebenmanne stört –
der Rede Fluss hält mancherlei in Schuss,
man schießt sehr gerne ab
und deshalb nicht zu knapp,
was uns die Gunst der Stunde
geführt zu einem Munde –

so nimmt die Rede als Befreiung
bald Zuflucht zur Kasteiung,
damit auch jeder sieht,
wie uns dabei geschieht –
man sieht die eigene Geschichte
recht gern im rechten Lichte
und ist bedacht,
dass man sich selber Freude macht,
und damit nicht den andern stört,
der grad sich diese angehört,
denn sehr gehörig ist die Meinung,
liebt sie des anderen Erscheinung,
sehr gerne man berichtet,
wenn uns noch einer beigepflichtet –
dem Eckenstand und seinem Steher
trat nun die Meinung immer näher
und er beschloss, sich hiervon abzuwenden
und seinen Standpunkt zu beenden,
und außerdem kam noch ein Hund,
der seiner Ecke nahe stund –
das jedenfalls ist meist zu viel,
wenn man dabei noch selbst im Spiel –
so nun das Unikum beschloss,
weil es das alles sehr verdross,
den Eckpunkt zu verlassen
und sich mit andren Punkten zu befassen –
ein Unikum ist oft erschreckt,
wenn es wo angeeckt,
damit es sich nun anders zeige,
spielt es an einer andern Ecke Geige,
und jeder findet es sehr nett,
dass es was Recht's zu bieten hätt' –
am rechten Instrument
man auch den rechten Ton erkennt,
es lohnt, wenn man ver-tont sich nicht geschont –
ich sah das Unikum noch lange stehn
am Abend beim Vorübergehn –

111

ich glaub', es hat die Nacht
an dieser Ecke zugebracht,
und mit der Nacht am Händchen,
gab es sich selbst ein Ständchen.

---

doppelpünktlich

Ein Doppelpunkt wird meist als Jetzt
noch irgendwo davor gesetzt,
damit der Nachsatz davon spricht,
was er begann in seiner heil'gen Pflicht –
zwei Punkte sieht man vorher stehn,
wenn hinten nach etwas geschehn –
der eine oben und der andre unten,
so haben beide stattgefunden –
es sei betrachtend seiner wert,
wenn zwei als Punkte so verkehrt –
der eine oben und der andre unten,
dazwischen wird ein Himmel munden –
der Einfluss ist sich selbst erschlossen,
wenn pünktlich dabei ausgegossen –
so nimmt man örtlich sich und wörtlich,
weil wörtlich pünktlich örtlich,
ganz einfach aus dem Grunde
von einer doppelpünktlich anberaumten Stunde.

---

insgesamt gedacht

In Sekundenschnelle wird die Minute helle,
man wird sich erst verstehn,
hat man sich im Detail gesehn –
das Viele verhilft dem Größeren zum Stile,
was sich begreiflich macht,
ist insgesamt gedacht –
die Zeil', die sich an Zeile reiht,
wird wohlvereint gescheit,
man liest das Wort in einem fort,
und Sinn für Sinn
bringt dann der Punkt Gewinn –
letztendlich wird man sozusagen
als Büchlein aufgeschlagen,
wo drin geschrieben steht,
dass man als Zeit vergeht –
Sekunde um Sekunde
wächst man zur Stunde,
und wer zu lesen weiß,
bekommt den Sonderpreis.

Die Begegnung

Es rief einst ein Herr So-wie-so
mal an bei einem Irgendwo,
vom Namen her etwas missglückt,
weil nichts Besondres ausgedrückt,
doch mochte man sich leiden,
weil von Natur aus recht bescheiden –
dann stellt' sich noch heraus,
dass man daheim im selben Haus,
oft man den anderen nicht kennt,
obwohl nicht sehr von ihm getrennt –
doch nun war es passiert – man wurde sich mal vorgeführt:
Frau Irgendwo, die weiblichen Geschlechts,
erfand, selbstredend, auch was Rechts,
das so genannt wohl ganz im Sinne der Begrüßung stand –
Herr So-wie-so, betont als ein Inkognito,
gab sich als Kavalier der bess'ren Klasse,
damit die Dame Hoffnung fasse,
weil man nicht gern umsonst geredet,
vor allem, wenn der Anlass sehr verspätet –
so war denn bestens vorgesorgt,
dass man sich redlich von einander borgt,
oft wird *dem* Teil von uns verziehn,
der sich dem anderen ausgeliehn,
und auch von Vorteil scheint zu sein,
wenn dieser weiblich und allein,
weil man Verständnis findet,
wenn man sich männlich dazu überwindet –
und außerdem ist man auch angeraten,
sich und dem Schicksal dabei nicht zu schaden,
weil dieses gern belehrt mit dem,
was man von ihm erfährt –
so sah man denn mit Sympathie
den andern, der sich da verlieh,
war man auch namenlos und unbekannt,

man ward sich doch in dieser Form verwandt,
und hielt sich für gesegnet,
weil endlich noch begegnet –
nur ist oft viel Geduld gefragt,
bevor man sich so zugesagt.

Brauchtum

Ein Strick hing seinen Gedanken nach,
als er vom Galgen sprach,
er sprach vom Wiederkommen und einem,
der das ernst genommen –
ein Brauchtum, das von sich Gebrauch gemacht,
ist oft dem Galgen zugedacht,
ich finde, das hat ganz besondre Gründe –
jedoch, nicht jeder, der sich etwas denkt,
wird dafür gleich gehängt,
weil man nicht oft von außen sieht,
was einem Kopfe blüht,
denn ein Gesicht, das schweigt,
wird gerne vorgezeigt –
die Maskerade ist sich für nichts zu schade.

---

kraft seiner

Einst einer ward als Wiederkommen
gehörig in die Zange genommen,
weil solches Sinnbild uns beweist, dass man verreist –
ein ungebetner Gast ist nicht so recht auf sich gefasst,
doch Linientreue beweist sich stets aufs Neue,
man wird geehrt durch das, wo man dazugehört,
und ist sich nah, wenn erst mal richtig da,
denn unter manchem Aspekt ward man dereinst versteckt –
es sollte sich ein Leckerbissen
nicht allzu lange selbst vermissen,
so richtig zauberhaft geschieht man nur aus eigner Kraft,
kraft seiner ist man dann endlich einer
und ruft nun frohgemut:
„Ich bin aus Fleisch und warmem Blut" –
obwohl, manch einer ist auch innen hohl,
obschon man nicht von außen sieht,
wie dieser arme Kerl geschieht,
denn einen Bauch trägt er doch auch
und ist bei Frauen passabel anzuschauen,
wär da nicht diese Reflexion
von seinem Wussten-sie-schon.

Der Maler

Herr Michelangelo war selten froh,
meist hat er auf einem Gerüst unter einer Decke gebüßt –
mit besonderen Qualen seinen Himmel malen,
wem stände das nicht an, wenn er den malen kann? –
solch Forschungsbereich als Selbstvergleich:
himmelhoch-jauchzend, zu Tode betrübt,
so ist der Maler in seine Welt verliebt –
zweckentsprechend sich an sich selber rächend,
unter Gelächter sein eigner Pächter –
als Pachtvertrag man sich kennen mag,
angestellt unter dem Dach der Welt –
das eben bringt Süße ins Leben:
man lässt sich die Erden sauer werden,
weiter oben wird man den Maler loben,
wie wunderbar, wenn man als Engel ein Michel war –
bei passender Gelegenheit hält sich etwas Passendes bereit –
mit Stentorstimme man sich als Berg erklimme –
ein Wandrer, wenn er kann, kommt bei sich selber an,
denn so wird klar, dass man sich selbst zu Nutzen war.

Stand-Gericht

Es hatte einer sich als Welt
in eine Ecke abgestellt,
mit dem Gesicht zur Wand,
damit er nicht erkannt,
der Grund für sein Verhalten
war ein mehr inneres Gestalten –
dieweil er nun schon älter gar,
nahm ihn die Welt als ein Geheimnis wahr,
denn provokant ist einer, der in einer Ecke stand –
man wird verkannt im Nu,
dreht man der Welt den Rücken zu,
die gerne sieht, was ihm in seinen Augen blüht –
der Blick, wenn er hinausgeschickt,
ist sehr entzückt, wenn ihm ein Auge glückt,
wo er dann sah, dass ihm ein andres nah –
gern hat man sich dort angebiedert,
wo etwas sich beglückt erwidert –
die bessere Verbindung
bringt einer Strecke erst die Überwindung,
denn leicht wird überwunden,
was in der Nähe stattgefunden –
ein Auge ist dem Auge nah,
wenn es im andern sich versah,
solch schillernden Beweis
erlebt ein Auge auf der Reis',
natürlich wird vorausgeschickt,
dass ihm ein Blick geglückt,
nicht jeder, der auf einer Reise,
erlebt denselben, beispielsweise,
nur das besondere Talent sich so als Auge kennt –
was man von einem Auge hält,
erzählt der Blick der Welt,
denn was der Welt ins Auge fällt,
fällt auf in einer Augenwelt – –

Ein Ordnungshüter, brav und bieder,
genannt als Polizei,
kam nun an diesem Eckenmann vorbei,
der, wie bekannt, schon lange dort in dieser stand –
und wie es denn so geht,
ein Polizist nicht gleich versteht,
wem dieser Mann gewogen,
als er die Ecke vorgezogen –
so sprach er nun den Mann
ganz kurzerhand von hinten an,
rein aus Int'resse, damit man diesen nicht vergesse,
und weil man pflichtbewusst
meist solches tun gemusst –
und ungefähr klang dieses so:
„Mein lieber Mann, du stehst hier nicht grad irgendwo
an dieser exponierten Stelle,
und außerdem ist, wie du siehst,
der Tag schon lange helle,
dein Leben wäre falsch verstanden,
wenn du in dieser Form vorhanden,
die du der Welt hier dargestellt" –
Nach dieser Rede stellte sich erst Ruhe ein,
und diese schien sehr lang zu sein,
denn in den Augen unsrer Welt
ist es um diese schlecht bestellt –
doch nach der durchgestandnen Zeit,
sah man, dass unser Eckenmann bereit,
sich dieser Welt zu offenbaren –
und wie aus fernen Jahren,
die ihm im Antlitz noch ersichtlich waren,
dreht er sich ins Verstehn der Welt,
der so Ver-standnes nicht gefällt –
und auch dem Ordnungshüter
war dies Ersichtliche zuwider,
man sah's dem uniformbegabten Mann
schon an den Augen an –
und dieser sprach denn auch im Wortgebrauch:

119

„Mein lieber Freund, wie du es auch gemeint
und es dir vorgestellt,
man zeigt sich so nicht in der Welt,
denn die zeigt keinerlei Verständnis
für solcherlei Verwendnis,
und überhaupt, wer hat es dir denn hier erlaubt,
in dieser Form, fern jeder Norm,
die Ecke zu belegen zu keinem,
auch nicht deinem Segen?" –
Der Steher stand nun zugedreht der Welt,
die ihn nicht mehr versteht,
ein leises Lächeln huscht ihm über das Gesicht,
und wie aus einer längst vergess'nen Pflicht
sah man den Steher dann aus allen Blicken gehen,
den Augen fern und ohne Wiedersehen.

---

symbolisch

Die Ähre hatte sich aufs Korn genommen
und sprach dabei vom Wiederkommen –
so setzte sich denn Korn an Korn
auf ihre Spitze weiter vorn –
wie wunderbar,
wenn man in diesem Sinne fruchtbar war –
die Ähre stand in ihrer Welt
auf einem großen weiten Feld –
die Ähren schwankten leise
im Winde, der grad auf der Reise.

---

geprägt

Ein Stuhl, der sehr gesprächig war,
fand seinen Standpunkt wunderbar,
er hatte nur vergessen, wer einst auf ihm gesessen –
man ist geprägt von dem, was einem auferlegt,
oft scheint verzwickt, was uns von oben drückt,
denn ein Gesäß treibt oftmals seine Späß –
doch wie mir scheint – es ist meist ehrenhaft gemeint,
denn ohne Frage – darüber tritt meist andres noch zutage,
was man als Unteres beteuert, wird weiter oben angeheuert –
die schönste Neben-Sache dieser Welt
ist das, was einem Stuhl gefällt –
scheint man auch sehr gebückt von dem, was drückt,
letztendlich wird doch klar, wie wichtig man als Möbel war –
so sei man denn als Gegen-*Stand* dem Gegen-*Teil* verwandt,
was oben drauf, bestimmt des Stuhles Lebenslauf,
er wird vollkommen durch das, was auf ihm Platz genommen.

---

ergebnisreich erlebnisgleich

Die Regentonne stand in der strahlend heißen Sonne,
sie war dort aufgestellt
als der Beweis von einer Anderswelt –
obwohl kein Tropfen Regen fiel,
ward ihr der Standpunkt nie zu viel,
manch einen hält nur die Erinnerung in Schwung –
was sich erzählbar macht,
ist der Erinn'rung zugedacht,
das zugedachte Denken
will sich an ein Gefäß verschenken –
rein inhaltlich hält man die Treue
dem, der sich daran erfreue,
denn zu gegeb'ner Stund'
setzt ihn ein Trinker an den Mund –
ein Gruß ist seiner wert,
wenn er gegrüßt von sich erfährt –
oft kommt man in Verkleidung
zu dieser Zubereitung –
manch einer stellt was dar,
wenn er von früher war,
und keiner hat erkannt,
wer noch dahinter stand –
man sehe es ihm nach,
durch was er hier bestach –
die Demaskierung
sprach von besond'rer Führung,
der Tag war gut gewählt,
an dem der andre sich erzählt,
ergebnisreich erlebnisgleich –
erstaunlich, wenn man anberaumt
als einer, der sich selbst bestaunt –
das Ganze stand als Warte-Mal
jahrhundertlang in einem Wartesaal –
wenn man so will, hält man sehr lange still,

der Tag, der Zug, sie kommen an,
wenn man sich beide leisten kann –
die Ewigkeit zeigt als Appell
sich zeitennah an solcher Stell'.

Der Zweig

Ein Zweig saß länger schon an einem Baume,
gekonnt in seines Waldes Raume –
natürlich war er nicht alleine im trauten Abendscheine,
und wie er so vorm Himmel stand,
kurz vor der Nacht, die sich dazu empfand,
im Filigran als Irgendwo hinzugetan,
war ihm, als würd' er in Gedanken
sich himmelwärts empor nun ranken,
so efeuträchtig, übermächtig,
auf einer alten Spur, getreu der eigenen Natur,
so ganz natürlich und ausspürlich –
wie ist man doch als Zweig belehrt,
wenn man sich so begehrt erfährt –
natürlich war das nur ein Traum,
und sehr erwacht man nur am Baum,
man sollte aber nicht versäumen,
solch einen Traum einmal zu träumen.

Schlummer-Rolle

Die Schlummerrolle beschloss den Rollenschlummer –
jedoch, das Ganze machte ihr viel Kummer,
wär sie doch gern bei jedem Fest dabei gewest –
ein Traum, der davon hörte, dagegen aufbegehrte,
weil er grad' zu sich selbst bereit,
bekam er mit der Rolle Streit –
ein strittiges Problem ist selten angenehm –
ein Traum, der einen Träumer sucht,
ist meist schon vorher ausgebucht,
denn wem am Träumen liegt, der ist schon bald besiegt,
und er liegt gerne weich in seiner Träume Reich –
recht unbeschwert man in die Träume fährt,
am liebsten würde man durch Fliegen
schwerkräftlich sich besiegen –
dem Alptraum, wenn verwendlich,
ist fliegen nicht verständlich,
er hält es mit der Schwere und wie man sie verehre –
der Träumer ist meist sehr schockiert,
wird er durch einen Alp geführt,
und manchem fällt es nicht im Traume ein,
bei solchem Gast dabei zu sein –
jedoch, das Ganze zeigt sich sehr kausal
im Sinne von Es-war-einmal –
kausal mit den Gesetzes Mächten
ist meist ein ew'ger Bund zu flechten –
man flocht den Kranz, den man vermocht,
und hat denselben nun am Hals,
gesetzlich als sein Ebenfalls –
das alles man beachte,
wenn man als Rolle an den Schlummer dachte,
hat man doch stets dabei zu sein,
will man sich im Geträumten freun,
denn meist wird vorgefühlt,
was sich in uns als Rolle spielt –

der Traum als Welt ist schon bereitgestellt,
und man ist wohlberaten, fühlt man sich dazu eingeladen –
man halte was von dem, das etwas von uns hält,
auch wenn es uns im Traume nicht gefällt –
Gebühren werden oft im Traum bezahlt,
und anders, als man es sich ausgemalt –
von Grund auf wird erneuert, was sich im Traum beteuert,
was man auch davon hält – es ist für uns bestellt –
man sei als Gast darauf gefasst.

---

gleich-zeitig

Stellvertretend für sich selbst
als Linderung einer Verhinderung –
man kann geteilter Meinung sein,
lebt man als Ganzes, doch zu zwein –
so tritt die Frage an sich selbst zutage,
gleichzeitig wird sie auch die Antwort sein –
so spielt man, wenn zu zwein doch stets allein,
wer so aufs Ganze geht, sich auch geteilt versteht,
was er als Gegenüber sah, ist stets sich selber nah –
so etwa zeigt sich die Vollendung als Verwendung –
man spürt als Spur, wohin man führt,
man sieht sich angekommen und schon als Platz genommen –
Rück-Läufigkeit erklärt den Sinn der Zeit,
denn alles, was man sah, war irgendwie schon immer da –
es kann nur sein, was schon vorhanden ist,
weil sich Vorhandnes am Gewesnen misst.

Die Störung

Der eine fand sich sehr gestört,
als er sich selbst gehört,
ein andrer sich belehrt,
als er sich widerfährt –
ein Ring, wenn er gedreht,
zu seinem Finger steht –
gebracht gedacht, gedacht gebracht,
ein Interim gehörte ihm,
denn was dazwischen liegt,
den Zwischenraum besiegt –
Legislatur als Periode,
was zu ihm stand als Episode,
vorübergehend seine Zeit bestehend –
man liegt nicht brach,
wenn man sich selbst bestach,
man hielt, wenn man mit sich gespielt,
was man versprochen,
der Stachel kommt in Wochen an einem Rochen,
in treuer Pflichterfüllung als Enthüllung –
es läg' nicht alles im Argen, läg' es am Kargen,
was eine Landschaft ziert,
ist das, was ihr gebührt,
ein Architekt, der das Detail entdeckt,
entdeckt die Harmonie:
wie eins dem anderen verzieh –
eins ist dem andern abgestimmt,
wenn man es im Akkord vernimmt,
ein Vor-Halt weiß genau,
dass die Vollendung seine Frau,
wenn eins zum andern strebt,
sich bald ein Bild erlebt –
der Abstand zeigt die Öse
an einer *Nadel* erst in ihrer Größe,
wo vorher Leere klaffte,

sich nun ein Sinn erschaffte:
ein Raum, der sich bewandet,
ein Loch, das sich umrandet –
was sich in Grenzen hält,
grenzt an den Sinn der Welt,
darüber und hinaus
entführt der Weg nach Haus.

---

fraglich

Grundehrlich wird man sich erklärlich,
man hätte sich falsch verstanden,
wär man als Lüge vorhanden,
denn wer sich einer Lüge verschrieb,
letztendlich sich als Antwort schuldig blieb –
und wie gesagt:
wir sind die Antwort, die noch nicht erfragt,
wir sind ein Schenken,
das nicht auszudenken,
mit dieser Gabe trägt man uns zu Grabe –
das eben macht die Frage heiß,
dass man sie unbewusst schon weiß –
es bleibt zu hoffen,
dass man sich später noch einmal getroffen,
weil das den Sinn erklärt,
warum man sich als Frage nicht erfährt.

Die Wandlung

Rein technisch und vom Namen her
pflegt man hier mit sich selbst Verkehr,
man hätte sich vermieden,
hätt´ man sich anderswie entschieden,
es ist nun mal so Brauch und andre tun das auch –
manch einer, als er von sich Kenntnis nahm,
als solcher ins Gerede kam,
dieweil er denn ein armes Schwein,
und dieses nun nicht ganz allein –
bekanntlich ist man ja vorhanden
als der, den man sich zugestanden,
und als Geständnis, das man abgelegt,
wenn man in dieser Form gepflegt –
der Zustand, kommt er als Bericht,
pflegt gern als Abstand den Verzicht
und möcht', soweit das möglich wär,
am liebsten nicht den Selbstverkehr –
umgehend wird es einem solchen klar,
dass er nicht gern in sich zu Hause war –
der Umstand bringt sich diesem Schritt
als ganz besondrer mit,
und man gesteht sich denn auch ein,
dass man nicht gern mit sich allein,
man kann sich nun als Überwinden
mit andern im Gespräch befinden –
ein Informant wird gern bekannt,
wenn er den andern nahe stand,
und auch den anderen ist er sympathisch,
wenn er in ihrer Art emphatisch –
der Austausch liebt nicht den Verzicht,
wenn er mit seinesgleichen spricht.

128

derselbe

Man darf im Nachhinein hier stets derselbe sein –
wem wäre man als Lied gelungen,
hätt' man es nicht sich selbst gesungen? –
so ist man denn genau genommen
schon vorher mal vorbeigekommen,
sodass man sich als der vernahm,
der irgendwann mal wiederkam –
es steht uns also aufgeschrieben,
dass man sich ewig selbst verblieben –
man hat sich recht erwähnt,
wenn als Ge-such nicht abgelehnt.

---

usurpiert

Ein Usurpator war's mit sich zufrieden,
er meint', er hätte etwas anzubieten –
mit Gönnerschaft und mit Talent
man so den großen Herrn erkennt –
wer hier gekonnt sich präsentiert,
dem auch besondres Lob gebührt –
Bewundrer fand der Mann genug
für Eitelkeit und Selbstbetrug,
und wie er durch die Menge schreitet,
so blickhaft an sich selbst geweitet,
sieht man, dass dieses Mannes Zierde
nur Eitelkeit und Selbstbegierde,
vorausgesetzt, das man an diesem Mann
dies Etwas aufgelichtet sehen kann.

---

heimgefragt

„Bist du nicht dieser welcher wer?",
so sprach zu mir der Selbstverkehr –
das Ganze klang sehr angeklagt,
wie es sich jetzt mir hergesagt –
lang saß ich mit mir selbst allein
wohlüberlegt im Kämmerlein,
und diese Frage, so naiv dahingewagt,
hat lange in mir nachgefragt –
nun ist man meistens als Fragment
noch etwas weit von sich getrennt,
so auch in diesem Fall die Frage,
die angefragt wie eine Klage –
die Kammer und die eingesessnen Wände
bereiteten der Frage noch kein Ende
und ich, als der befragte Mann,
bedachte, was man hier noch denken kann:
ich sah mich nun, ein Ohnegleichen,
als unvollendet Fragezeichen,
und da das Kämmerlein ansonsten leer,
bezog sich alles auf den Wortverkehr –
wer äußerlich nicht abgelenkt,
ist einer, der sich selbst bedenkt,
und solch ein Selbstverkehr ist aufbereitet
für einen der sich selbst erleidet –
so war auch ich, sehr unbestritten,
derjenige, der sich dabei erlitten –
lang saß ich in dem Zimmer ein
als das befragte Fragerlein,
dann ließ ich mich und diese Frage los,
die weiter fragte, riesengroß –
nun aber kurz darauf und bald,
fehlt' es der Frage an Gewalt,
sie war deshalb sehr ungehalten,
und fraglich ward sie als Gestalten,

sie sprach da vom Nachhausegehn,
und ob sie dafür vorgesehn,
das Ganze klang sehr bänglich
und rein verbal auch noch vergänglich –
lang saß ich so in treuem Schweigen,
und leis' umtanzt von diesem Fragereigen,
dann legte sich die Frage schlafen,
sodass wir uns in Träumen trafen –
wie wir uns schweigend hier nun gegenüberstanden,
war jeder nur noch für sich selbst vorhanden –
dann sahn wir uns als Schlussverstehen
im Schweigen still nach Hause gehen.

Sich selbst besessen

Bis zu einem gewissen Grade
war er sich selbst zu schade –
nun doch, an seiner Statt,
man sich etwas zu bieten hat –
so nahm er denn gelassen hin,
was Worte zeitigt und Gewinn,
er fand als Resonanzverfahren
und Wiederkunft nach vielen Jahren
dass, wer sich selbst besessen,
am Ende doch nicht ganz vergessen –
wie nett, sich als Verstehen
letztendlich noch zu sehen.

Der feine Unterschied

Man sei hübsch artig, ist man schwartig,
ein Schwein wird erst geachtet, wenn geschlachtet –
„Wo führt das hin?", sprach der Gewinn,
weil der, wie wunderbar, daran beteiligt war –
„Wie sag ich's meinem Schweine?", sprach der eine –
ein andrer, der ein Fresser, besprach sich mit dem Messer,
das Schwein, mit seinen Schmerzen,
nahm sich das sehr zu Herzen
und hat so manche Schweinenacht darüber nachgedacht –
erst wenn sie menschlich angesehen,
befördern Schweine das Verstehen,
man ist sich nämlich rein äußerlich sehr ähnlich:
als Schinken, Bauch und Speck
bekennt man sich zum Zweck,
nur dass der Mensch, wenn er geschlachtet,
sehr wissenschaftlich dann beachtet:
organisch, wie auch in gelebten Zeiten,
darf man dem Tode sich bereiten,
und sehr detailgetreu erlebt man sich im andern neu:
man sitzt als treue Spenderniere
mit einem andern dann beim Biere,
wie edel ist doch eine Meinung,
tritt sie des weitren in Erscheinung –
dem Schweineherzen droht nur das Ragout,
dem menschlichen steht andres zu –
ein Schweineherz hat quietschvergnügt
auf einem Tische einst gesiegt,
das andere schlägt froh und heiter
in einem Menschen weiter –
ein Herz, das fröhlich weiter schlägt,
sogar den neuen Wirt verträgt.

Der Strick

Hoch und heilig hat es mancher eilig –
ein Strick, wenn er am Galgen hängt,
nur selten seinen Sinn bedenkt,
wer glaubt hier schon an die gehobne Position –
der Galgen, wenn mit einem Strick versehen,
wird diesem bald den Sinn gestehen
als Offenbarung einer Auf-Bewahrung.

---

bezahlt gemacht

Nur selten sich bedankt,
wer an sich selbst erkrankt,
als eigne Krankenkasse
man sich nur schwer in Worte fasse –
kaum einer hat bedacht,
wie solches sich bezahlt gemacht –
als eigener Patient
man sich am besten erkennt,
auf solcher Hoch-Zeits-Reise
verleiht man hohe Preise,
denn bald wird klar,
dass man sein eigner Partner war –
regenerativ man mit sich selber schlief,
natürlich im übertragenen Sinne,
damit man auch dabei gewinne.

---

geeint

Man sei auf das gefasst,
was notfalls zu uns passt,
wem fiele es sonst ein,
als Not und Fall dabei zu sein –
es mutet oft sehr komisch an,
was sich dabei als Mut gewann –
die Ähnlichkeit führt zum Beweise
ein Doppel auf der Spur der Gleise,
so dass dort, je nach dem,
ein Links und Rechts einander vorgesehn –
so weit das Auge reicht
ein Etwas einem Etwas gleicht,
nur ab, weil zu, etwas darüber fährt,
das diese Lage uns erklärt –
der Zwischenraum, wenn überbrückt,
ist jetzt besonders gut geglückt,
vielleicht etwas erschreckt,
weil unter Raserei versteckt –
doch sieht man das wohl ein,
wenn gegenüber man zu Zwein –
der Endzweck zeigt dem Ende,
was man genötigt dabei fände –
so bringt die Konjunktur ein Etwas in die Spur,
woraus man denn entnehmen kann:
Ein Gleiches liegt gleich nebenan und ist uns angeglichen,
weil nie von seinem Platz gewichen,
der Fleck gereicht dem Urteil so zum Zweck,
der immer danach fragt,
warum er sich und so behagt –
was sich behaglich bei uns findet,
sich uns als Ganzes überwindet,
wem stände sie sonst zu,
Behaglichkeit in ihrer Ruh´? –
wie schon gesagt, wird es den Gleisen bang,

führt sich ein Dritter über sie entlang,
doch unterschwellig, wenn vereint,
ist für ein Drittes man sehr wohl gemeint –
der Abstand, wenn er so zum Zustand wird,
hat sich in diesem Falle nicht geirrt,
bezüglich, wenn ein Zug sich hier bewährt
und über diese beiden fährt –
ob Zug, ob Gleise – alles endet,
wenn einem Ziele zuverwendet,
und so vergnüglich stellt man fest:
man ist untrüglich mal dabei gewest –
man drückt am End´ ein Auge zu
und lässt den Dreien ihre Ruh´.

Die Würze

Weil es so Sitte,
beginnt der Mensch in einer Mitte,
denn auf den Punkt gekürzt,
wird der Empfang gewürzt –
doch bald zeigt sich nach außen hin
der weitere Gewinn,
und es wird ausgebreitet,
was an sich selber leidet –
doch später dann tritt man den Rückzug an,
und eh man's recht bedacht,
hat man sich auf den Punkt gebracht –
so zeigt uns unsre Laufbahn an,
was man von diesem halten kann.

Dudeldei

Ein Dudeldei fand nichts dabei,
als es sich dachte und Gedanken machte:
wie das wohl sei als Liebelei im Mai?
denn unter uns gesagt,
es hatte noch nie nachgefragt –
ein Dudeldrum fand die Geschichte dumm,
weil man doch, wenn man Dudeln geht,
auch etwas von der Welt versteht –
und auch der Aussicht war es klar,
dass da was zu verstehen war,
denn weiter oben darf sich der Dudler loben –
man hat auf Bergeshöhn
meist weiter fort gesehn,
und sah wohl auch, so nebenbei,
den Monat Mai,
weil man mit solcher Pracht
oft auch Reklame macht,
natürlich in Bescheidenheit
und von sich selbst gefreit,
ganz jovial als ein Es-war-einmal –
er wäre zu verrückt,
hätt' man sich nicht bescheiden ausgedrückt:
ein bisschen Grün, und nebenhin das Blühn –
das wär's dann schon, was einer Welt
im Mai ins Auge fällt –
so jeden-falls besah es einer, der dem Maien nah,
man hat ja schließlich und bereits
sich lange schon und allerseits,
so dass man müßig sagen kann:
ich fang noch mal von vorne an –
und dann ist jahreszeitlich auch bedingt,
dass man solch Liedchen wieder singt,
es wäre vermessen,
wär man darauf nicht auch versessen –

ein alter Tropf nur schüttelte den greisen Kopf,
ihm schien das ganze Gebaren
doch irgendwie verfahren,
was wohl dran lag,
dass er sehr nah am Jüngsten Tag –
daraus lässt sich entnehmen:
man braucht sich seinem Liedchen nicht zu schämen,
ein bisschen Dudeldei sei stets im Mai dabei.

Wäsche

Die Wäsche zeigt sich aufgereiht
an einer Leine, die verzeiht,
man ist geklammert
an das, was man bejammert,
unpässlich nässlich
zeigt man sich als Gestalten hässlich –
ein Wind, als er gekommen,
hat sich dem Ganzen angenommen,
man wird gepflegt, bevor sich dieser legt
und wird nach Haus gelangen,
wenn man wo auf gehangen,
bis einer kam und uns dann von der Leine nahm –
man war gestresst,
weil man durchnässt
und eingezwängt,
bevor man aufgehängt –
man ist verdattert,
wenn man im Winde flattert –
doch alles dies führt mit Applaus nach Haus.

Das Telegramm

Ein Telegramm hat oftmals viel Gewicht
aus seiner und aus andrer Sicht,
weil sich erfahrbar macht, was sich ihm zugedacht –
postwendend sich versendend, den Weg beendend,
die eigene Adresse es dabei nicht vergesse:
ein Adressat schickt manches an sich selber ab,
damit er auch versteht, um was es dabei geht –
man hält, was man verspricht,
verspricht man, was man so erhält,
kurz und prägnant wird man als Adressant bekannt
und ist geglückt als der, der sich das abgeschickt –
ein Brief, den man sich selber sendet, ist bestenfalls verwendet,
man hat sich lieb, wenn man sich selber schrieb –
oft hat man erst nach Jahren von solchem Telegramm erfahren,
es wurde nicht verwandt, weil man es nicht gekannt –
nur was ver-wendet seinen Weg beendet,
es wäre falsch verstanden,
wenn nur in andrer Form vorhanden
und wäre grundlos angekommen,
wär es nicht in Empfang genommen,
das sichert den Beweis von einer Reis' –
man ist der, der man ist, sei man auch lange Zeit vermisst,
und wird sich nur bekannt, wenn man sich selber fand –
so wird man als Bekennerschreiben sich selbst verbleiben,
weil man gelesen, dass man schon einmal da gewesen –
und wohlbehütet hat man so einen Schatz erbrütet,
ein goldnes Ei war auch dabei –
nur lässt sich solches Ei hienieden recht schwer bebrüten,
es sei denn, dass man wohlgepflegt
es dann auf eine Waage legt,
die Waage, wenn aus Gold, es dann schon wiegen wollt'.

---

eingestuft

Es haben Prophylaxen wohl ganz besondre Achsen,
nicht jeder gleich versteht, um was sich's dabei dreht –
die Räder beweisen eine Strecke oft erst später,
man wird verstehen: es wurde vieles übersehen,
Betrachtung erfordert andere Beachtung –
die Bilder, die vorüber fuhren,
betrachten uns als Dioskuren,
geoffenbart sind sie uns aufbewahrt –
wir sind berufen, uns bildhaft einzustufen,
denn als Detail erscheint im Buch die Zeil' –
was eingefügt, dem großen Bild obliegt –
das ganze Bild wär bald gestört,
wenn etwas nicht wo hingehört –
ein Schatz sich akzeptiert am Platz,
wer lange ausgeharrt auch irgendwann gefunden ward,
solange man noch da, ist man dem Sucher nah,
der Ausschnitt zeigt, ob man dem Ganzen zugeneigt,
denn, wohlverstanden, man ist nur als Detail vorhanden –
jedoch, ein Stern hat sich am Himmel gern,
im Kreise seiner Lieben ist er sich treu geblieben,
ich hab ihn beim Nachhause Gehen
erst gestern funkeln gesehen –
wie wunderbar, wenn einer unter Sternen war.

Nomenklatur

„Wie war doch gleich ihr Name?“, so sprach die alte Dame –
obgleich und ob sofort, man kennt sich auf ein Wort:
das Doch hat man als Immer-noch –
das Noch als Immer,
das macht das Ganze nur noch schlimmer,
man gehe als ein Ach den eignen Tränen nach –
die Spur als Träne pur – wo war das nur? –
da fällt mir gleich die Frage ein der Dame, die damit allein:
Wie war? – doch gleich? – und jedes Wort spricht hier für sich:
das Wie, wie es wohl war –
das Doch, so siegessicher und so gleich,
und allesamt ein jedes auf-ein-ander ab- und an-gestimmt,
so wie ein Lied, das mundwärts zieht –
mundan ins Nebenan – ein Wort wie ein Akkord:
von unten aufgebaut – von oben dann hinab geschaut,
grad so, als wusste man, dass man es musste –
gebrochen nacheinander zugesellt,
so wie man sich als Welt gefällt –
ein Heiligtum als Sängerruhm,
wo nur das Lied gezählt – der Name sei dahingestellt,
denn wer nach einem Namen fragt,
hat schon ein Wort zu viel gesagt –
so jedenfalls will es das Spiel,
und dieses hat der Namen viel,
nur eben, weil es nur ein Spiel.

Farbe

Im Aquarell sind Farben und Wasser zur Stell',
die gut gemengt man dann ins Bild geschenkt –
das Wasser wird erhöht, wenn es zur Farbe steht,
denn ungesehen wird man es nicht verstehen –
als Farbe lebt, was fein zerteilt im Wasser schwebt,
was eingefärbt, sich weitervererbt,
es tritt die Reise an ins Auge, wenn es sehen kann –
das Medium Licht erhellt die Sicht
und wird getragen vom Weitersagen –
was schwebt, wird vorgelebt,
der Nachtrag zeigt, wohin es sich verzweigt –
die Farbe bringt Leben auf die Narbe,
befruchtend wird so klar, was vorher staubig war –
zur Achtsamkeit erhoben, wird man die Farbe loben.

Der stille Sänger

Ein Herr aus Gundelfingen
wollt' sich ein Liedchen singen –
es stand der Mund
geöffnet schon seit einer Stund',
und wer es sah, war diesem Munde nah –
jedoch kein Ton entwich dem Megaphon,
rein spekulativ man sich auf dieses Rund berief,
doch nichts entstieg dem Dunkel,
der Seher sah's mit viel Gemunkel –
man stelle sich mal vor:
ein solcher Mann in einem Kirchenchor,
sehr unverstanden wär er dort vorhanden –
trotz diesem Kirchenringsherum
bleibt solch ein Sänger stumm,
nur dass der Mund
ihm stimmverwandt ein wenig offen stund,
so dass von weitem man die Ansicht hegt,
als hätte man den Ton gepflegt –
doch scheint mir wunderbar,
dass er ein stiller Sänger war,
denn was nicht singt,
auch keinen Unfug bringt –
solch ein Tirallala ist fast für jeden da,
denn wer nichts hört,
der fühlt sich nicht gestört.

---

berändert

Der Zustand als Extrem war fürs Besondre vorgesehn,
man ist verwandt mit dem, was man sich zugestand –
zuständig wird man sich verwendlig –
statistisch ist vieles extremystisch,
woraus sich denn ergibt, dass man gezählt gesiebt
als Liebesspiel, das durch die Löcher fiel –
wie solches geht, man nur als Sieb versteht –
die Aus-Wahl, wenn getroffen,
ist durch das Nichts geloffen,
nur dort ist man als Loch am rechten Ort –
was solch ein Loch umstanden,
ist nur bedingt vorhanden –
nichts gäbe es, das es nicht gäbe,
ließ nicht der Rand es uns erlebe –
man sehe mit Verstand am Loch den Rand:
rand-rändlich wird jedes Löchlein endlich,
man stelle sich mal vor: ein Loch, das randlos sich verlor,
wo blieb am Ende da das Sieb? –
das Nichts, das sich begreiflich macht,
wird stets mit Rand gedacht,
der Rand hält uns als Möglichkeit das Nichts bereit –
das Nichts beendet seine Reise zum randbesetzten Preise,
das Preisleistungsvermögen gereicht dem Nichts zum Segen
als Definition von einem Man-wusst-es-schon.

Der Balg

Herr Basewalk besaß seit langem einen Blasebalg –
rein schon vom Namen her
pflegt' er mit diesem gerne den Verkehr,
bis einmal dieses Wunderding
beim Blasen einfach Feuer fing –
ein Balg mit Feuer – das wird meist teuer,
doch ist ein Balg gedacht,
dass er sich mal bezahlt gemacht,
und unser Herr ward eingeladen,
sich und dem Balge nicht zu schaden –
wenn auch aus dem Verkehr gezogen,
ist sich ein Balg doch noch gewogen,
und sei er auch verbrannt,
wird namentlich er noch genannt,
und als ein Name
macht er für seinen Flammentod Reklame –
so ist man denn als Schall und Rauch
auch später noch im Wortgebrauch:
ein Name, der als Schall erklingt,
sich liedhaft noch sehr lange singt –
rein melodiös erschallt er so in seiner vollen Größ',
und man erkennt ihn dran,
weil man ihn so noch hören kann –
ein Balg, der in die Flamme blies,
den Namen niemals von sich stieß,
wer will schon gern verstoßen
mit seinem Lied liebkosen? –
der Balg, der lange nun schon Schall und Rauch,
ist rein vom Namen her noch im Gebrauch –
natürlich ist ein solcher Nenner
als Name etwas für besondre Kenner.

---

konsolidiert

„Stille Wasser, die sind tief",
sprach einer, der die Zeit verschlief –
der jeden-falls, man wird's verstehn,
war fürs Ertrinken vorgesehn –
man kann kaum tiefer sinken, als im Ertrinken –
jedoch die Hilfe erscheint dann plötzlich oft im Schilfe
als Bruder Pan von nebenan,
kon-solidiert man einem Gott gebührt –
die Ewigkeit lädt nicht zum Schein zum Schlafen ein,
bocksbeinig wird mancher mit sich einig,
definitiv man sich auf einen Gott berief,
rein spekulativ man seine Zeit verschlief –
die Ewigkeit hält solchen Scherz bereit.

Nichts

Schon wenn das Nichts gedacht,
hat der Gedanke es verlacht,
er hat sein Lied gesungen,
wenn dort hin vorgedrungen –
rein aus Int'resse man dieses Nichts vergesse,
weil es gemacht, damit es nicht gedacht –
das nenn' ich Konsultation
bei einem Wussten-sie-schon,
denn rein int'resslich
wird man als Nichts vergesslich –
wie wunderbar,
dass man dereinst vergesslich war.

---

betrachtend

Betrachtung, wenn sie uns geschenkt,
ist etwas, das sich etwas dabei denkt –
und wenn es uns erreicht,
erreicht uns etwas, das sich uns vergleicht,
so dass der Stab, sich maßvoll treu,
sich stabrechtlich an sich erfreu´ –
so rechnet sich bei weitem,
mit seinesgleichen sich zu streiten,
ein Bild, das sich dazugesellt
aus einer aufgestellten Bilderwelt –
es hält sich jetzt ein Bildersinn
vergleichend einem Bilde hin,
und wägt mit den verwandten Mitteln,
nun dieses Schaubild zu bekritteln –
so legt ein Gleiches sich mit Gleichem an,
so weit es sich mit ihm vergleichen kann –
auch ist vergleichend anatomisch klar,
dass kritisiert man kritisch mit sich selber war,
und dass stets das, was uns am Gegenüber stört,
letztendlich auch uns selbst gehört,
ein Bild stellt nur Vergleiche an,
wenn es vergleichend sich im andern sehen kann –
so darf ein Bild-Sinn, wenn im andern,
sich sinnbildlich nur immer selbst erwandern,
es wird betrachtend dem Betrachter klar,
dass das Betrachtete er selber war –
so bildet eine Meinung sich dem Bilde an,
wenn diese bildlich etwas von sich sehen kann,
und in der uns bekannten Bilderwelt
vergleicht sich nur, was gleichend sich dazugesellt –
und wäre es nicht wunderbar,
wenn Gleiches, sich vergleichend, auch dasselbe war? –
so hält uns die Gelegenheit
letzt-endlich einen letzten Schritt bereit,

146

nicht, wenn vergleichend vorgesehn,
für den Betrachter angenehm,
der nun, vergleichend eingeglichen,
in seiner Gleichheit letzten Grund gewichen.

Die Identität

Einstmals, ich glaub',
es war vor vielen Jahren,
war einer sich nicht mehr im Klaren,
ob er nun der und der
und nicht ein andrer wär –
er hatte viel herumgefragt,
ob einer ihm die Wahrheit sagt –
die Antwort fiel mit viel Applaus
meist sehr zu seinen Gunsten aus,
und schon vom Anstand her
erfuhr er, dass er der von früher wär,
und deshalb sehr bekannt in dem befragten Land –
man sieht, zur besseren Erkenntnis
befrage man die menschliche Verwendnis,
weil man dort bestenfalls erfährt,
wozu man wo dazugehört.

Kreislauf

Woher nimmt man den Gegenverkehr,
man hat ja nun mit ihm zu tun? –
vielleicht, dass es ihm zugesagt,
wenn man denselben fragt –
grad kam mir einer entgegen,
es schien ihm sehr daran gelegen,
hielt ihm doch die Gelegenheit
auch *mich* für den Verkehr bereit –
oft hat man als Entgegenkommen
sich selber mal vernommen
und ist dem Ganzen sehr gewogen,
weil auf sich selbst bezogen –
man war sich nah, als man auf gleicher Höhe da,
hier ist der Punkt, wo sich beweist,
wie namentlich der andre heißt,
denn manche Heißung geschieht als Unterweisung,
weil man jetzt aufgespürt, wo man einst hergerührt –
was sich bewegt wird dazu angeregt,
und dummerweise geschieht das auf der eignen Reise –
man hat sich stets herausgefordert,
wenn man wo hin beordert,
und immer kommt man als Verkehr
auch von woanders her
und will dort hin, sich selber zum Gewinn –
so ist man denn sehr angetan
von dem, der uns entgegenkam,
weil der doch weiß um dieses Ende unsrer Reis′ –
doch auch der andre, der dem Ziel verpflichtet,
hat sich an unserm Ausgang ausgerichtet,
er hat sich dem verschworen,
das wir dereinst verloren –
nach-denklich schaun sich beide Seiten an,
wo draus sich ein Gespräch entspann:
„Man gebe dieser Meinung statt:

148

dass man stets sucht, was man schon hat –
Anfang und Ziel sind stets gemeint
als Eines, das in uns geeint –
nur eben, dass man das vergisst,
solang man auf dem Wege ist.“

---

trübe Zeiten

Es fragte einst ein Kavalier
nach einem Glase Weizenbier –
und siehe, lang saß er vor der gelben Brühe,
denn wer sich so besitzt,
ist grad wo abgeblitzt –
es wollen trübe Zeiten
sich trüb im Glas bereiten –
wem es an Durchsicht fehlt,
der hat sich schlecht vermählt –
nach etlichen versessnen Wochen
ist unser Freund davongekrochen,
nun geht er wieder, Gott sei Dank,
den alten treuen Weg entlang.

Sicht-weise als Beichte

„Beim Spießrutenlaufen sich auf das Laufen spießen,
dann durch die Ruten schießen,
das nenn' ich Militärkultur auf einer heißen Spur –
wegen Feigheit vor dem Feind erschossen,
so ist die Weisheit ganz erschlossen –
in Freiheit frei zu Grunde gehen,
so lässt sich diese Welt verstehen –
das Feld der Ehre mit seiner ganzen Leere,
man ist sich gram, wenn man davon vernahm –
denk' dir was Bessres aus und mach was draus –
ich glaub, mein Schatz, du bist verirrt,
am falschen Denken angeschirrt –
nun sei schön brav, bist du ein Schaf,
manch Hundesohn ist dir bereitet schon –
du wirst geschoren, bis du deinen Krieg verloren,
danach kräht dir kein Hund in deiner letzten Stund'" –
Ein Vater, der die Beichte nahm, errötete vor lauter Scham:
„Mein Sohn, sei du nur, der du sei'st,
letztendlich sind wir nur verreist,
nimm deinen Zug und sei dir selbst genug,
das Leben ist nun mal ein Karneval –
recht fein maskiert man dieser Welt gebührt,
du hast doch, was du von dir hast,
drum sei auf alles hier gefasst –
mit Fassung sich als Stein ertragen,
man wird nach deiner Schönheit fragen –
ein Stückschmuck, wenn er einen Hals geziert,
sich in den Augen-Blick verliert –
man ist bestellt als Künder einer Welt,
doch ist die Kunde nicht gleich in aller Munde:
ein schöner Stein will erst verstanden sein,
die Schönheit blüht nur dem, der sie auch sieht –
verständlich zeigt sich der Verstand,
wenn er was Analoges fand,
das eben sagt dann aus:

bei mir bist du als Freund zu Haus –
an maschinelles Denken
lässt sich die Schönheit nicht verschenken,
Gefühl lässt sich nur fühlend sehn und so als Welt verstehn –
die rechnerische Denkzentrale wohl schöne Bilder male,
doch die Ermittlung als Verfahren
wird vor der Schönheit sich verwahren,
man sieht nur, was man sehen kann,
und sei es uns gleich nebenan –
Musik, die man als Noten sieht,
in uns noch lange nicht geschieht,
erst wenn der Klang in uns erklungen,
hat er sein wahres Lied gesungen –
nur bleibt man damit stets allein,
nie wird, was man gefühlt, erklärbar sein".

Immer

Ein Immer besah sich einst ein Zimmer,
denn in-so-weit besieht man sich auf Zeit –
dann zog es wieder aus aus diesem Haus,
das Haus, weil alt, verlor bald die Gestalt –
obwohl dem Hause nicht mehr nah,
ist dieses Immer doch noch immer da –
dies sei nur so erwähnt, damit man damit ausgesöhnt.

Ein Her und sein Wohin

So wie die Kugel ihren Hupf begehrt,
das Unter seinen Schlupf verehrt –
vergleichlich denn erklärt man so sich reichlich,
denn was erklärlich hat Bestand,
ist auch mit dem Vergleich verwandt –
dem Her und dem Wohin
rief es vergleichend nach dem Sinn,
man könnt' an sich zugrunde gehn,
könnt' man sich nicht vergleichend sehn,
und manch Woher, das sein Wohin besah,
kam so sich seiner Frage nah,
denn oft ist man hier als Gestalten
im Gegenteil von sich enthalten –
jungfräulich ist die Frage, damit man so von ihr was sage,
unhöflich wär die Litanei, wär sie als Predigt ein Vorbei,
reminiszent, wem wär genützt,
wenn nicht ein Weiteres die Frage stützt –
so kam denn hinterhältig
den beiden eine Antwort bäldig,
damit man dann in Bälde sich gegenteilig das vermelde –
und sinnlich sprach, wie könnt' es anders sein,
das Her zum Hin ganz sinngemein:
„Mein liebes Hin, mein Lustgewinn,
weil es sich so ergi(e)bt,
ist man sehr oft ins Gegenteil verliebt,
dort nun, erkenntnistheoretisch zugestanden,
ist man auch praktisch besser sich vorhanden –
der Sinn beliebt sich daraus mittendrin
einmal dem Her und öfter dann noch dem Wohin:
ein Her ist stets in sein Wohin verliebt
und gegenseitig sinnlich ausgeübt".

152

Der Nutzen

Bewies'ner Maßen nur die besten Happen
möcht' man sich gerne selber schnappen,
solch Trieb macht einem Fisch die Angel lieb,
doch eher, als man denkt,
man dann am Haken hängt –
man fühlt sich nun auch ungelogen
sehr bald emporgezogen,
denn an der Angel, das ist klar,
auch noch ein Arm beteiligt war,
der sich erbötig machte
dem, was ihm jetzt sein Kopf bedachte –
gedanklich hat ein Wort meist einen Ort,
das zeigt die Kanalisation
von einem Ich-wusst-es schon –
wenn man bedenkt, wie alles doch zusammenhängt:
vom Kopf bis zu den schönsten Happen
muss der Gedanke einen Weg berappen
und führt, das kann man sagen,
dann auch noch über einen Haken –
jedoch, man hadre nicht mit dem,
für was man vorgesehn,
der Haken zeigt als Fleck
dem Fische seinen höhern Zweck –
so wird am Nutzen klar,
dass man für etwas nützlich war.

---

un-ab-lässig

Ein Produzent, der produziert,
ist der, der sich dabei verliert –
zu eben diesem Zweck
gibt stückweis' er sich fortan weg,
so weggegeben – so selbstvertreten –
und was mit ihm identisch ist,
ist das, was er dabei nachher vergisst,
so weggetan ins Nebenan –
manch einer hat sich lang gesucht
und dieses Stück seither verflucht –
doch eh er sich so recht bedacht,
ward es dem Mann zurückgebracht –
nun ist es wieder da,
und nie war es in solcher Nähe nah,
so heimgekehrt – so selbstverehrt –
und unser guter Mann nahm dieses Teil von nebenan
und sprach mit ihm ein ernstes Wort:
„Wieso so fern, so weit, so fort?" –
und dieses Stück, nun ihm vermählt,
hat mancherlei davon erzählt,
wie ihm geschah,
als es so fortgeteilt sich mit sich selbst versah –
Der Produzent, der nun nicht mehr von ihm getrennt,
erfuhr dabei ereignet sich auf dieser Spur,
so spürlich und so selbstausführlich –
nie ist man heimgekehrt so heim,
wie wenn man fernentrückt und lang allein –
jetzt nun erfahrungsreich,
begehrt man sich zum Selbstvergleich,
und wie als Meer unendlich weit,
wird man als Flusslauf selbst gescheit,
so heimgekehrt – so an sich selbst belehrt.

---

neben-bei

Den Stellenwert man erst als Zahl erfährt,
die Wertigkeit hält öfter eine Zahl bereit,
zusammen und gezählt wird man vermählt –
das Komma zeigt uns als Zäsur
vom eignen Wert die Spur –
so wird uns klar,
was vorher, was dahinter war,
denn bestens wird bekannt,
was neben einem Komma stand.

---

kundig machen

Er hatte sich ins Herz geschlossen,
als er als Blut vergossen –
ein Schlüssel stand schon lange Zeit
für dieses Schloss bereit,
doch erst nach Jahren hat er davon erfahren,
als er erfuhr von dieser Spur,
und wollte sich kundig machen mit diesen Sachen –
ich fand, dass ihm solch Rätsel trefflich stand.

---

dilettiert

Ein Dilettant war streng mit sich verwandt,
dieweil er denn auch zu sich stand –
wer ist schon nicht in sich verliebt,
der sich in dieser Form geübt –
nicht, dass er es nicht wüsste,
wenn er sich solchermaßen küsste,
ihm war schon recht bewusst,
dass er sich so gemusst –
und doch vergab er sich dies Spiel aus dem Gefühl heraus,
dass er darin zu Haus –
wohl dem, dem solches angenehm – und außerdem,
es war ja nur gespielt, was man dabei gefühlt –
dem Mimen wird sehr oft verziehen,
was er sich als Gefühl verliehen,
zeigt er der Welt doch nur, was ihr an sich gefällt –
so wird denn gerne applaudiert
dem, was er von ihr aufgeführt,
man ist dem Spiele nah,
wenn man sich selber in ihm sah –
so ist der Dilettant, der sich im Saal befand,
auch mit dem Spiel verwandt,
dem er so nahe stand,
und nahm denn auch nur wahr,
was in ihm selber wunderbar
und ungeschminkt vorhanden
als das, was er sich zugestanden.

---

mauerlich

Wie schauerlich klingt etwas mauerlich –
es war da einer, der sich überwand
und vor der eignen Mauer stand,
er sah nun vor sich aufgerichtet,
was ihm von innen her verpflichtet,
denn was uns räumlich nah, ist auch als Mauer da –
man wäre nicht ins Außen vorgedrungen,
hätt' man den Mauerbau nicht übersprungen –
so dann und wann schaut man die Mauer mal von außen an,
was man am Standpunkt misst,
zeigt uns was vor- und was dahinter ist –
erst wenn die Mauer abgerissen,
kann man das Vor und das Dahinter missen –
wo man einst eine Mauer sah,
da war jetzt das Vergessen nah,
und alle fanden, nie hätte eine Mauer dort gestanden.

---

verständlich

Als Mangelware
man etwas über den Mangel erfahre,
man zeichnet sich gerne aus als Mangel im eignen Haus –
dem gegenüber hat sich der Nachbar lieber –
von der besondren Sorte sind stets die eigenen Worte,
wer sich zu ihnen überwindet, sie sehr verständlich findet –
als Wortverkehr gibt man sich gerne selbst die Ehr' –
der Unverstand das oft nicht sehr verständlich fand.

---

minutiös

Solch ein Kalenderblatt sehr viele Tage hat,
sie sind vorhanden, weil alle draufgestanden –
es liegt in der Natur der Sache,
dass man aus ihnen etwas mache,
denn guter Rat ist teuer,
ist einem das Ganze nicht geheuer –
man lebt, wenn man sich zeitlich webt,
die Zeit ist solcher Art, dass sie uns stofflich aufbewahrt,
die Frage ist nur die, was uns dem Stoff verlieh,
wer unsre Welt dem Stoffe zur Verfügung stellt? –
das Ganze scheint erfreulich, weil man von neulich –
das Nichts scheint nur gelungen, weil es ein Lied gesungen,
was man gedacht, hat sich über die Lippen gebracht,
die Flamme sich erklärlich macht, weil angefacht –
minutiös findet die Stunde ihre Ös‘,
das Nichts erklärt, was man darüber erfährt,
denn wo nichts war, findet man die Öse wunderbar,
als Öse definiert sich das Nichts in seiner ganzen Größe –
das Nichts ist ein Begriff mit Pfiff,
der Pfiff formt einen Mund zum Rund,
was pfeifend angefangen, muss durch dieses Rund gelangen –
so stellt sich dar, was eigentlich nichts war,
ein Ton ist nur erklungen, weil er das Nichts besungen –
was man dem Nichts nicht zugetraut,
ist das, woraus es aufgebaut –
wie wunderbar, dass etwas Letztes nicht erklärbar war.

Der Wandel

Ein Misanthrop einstmals sein Denken verschob –
bei solcher Gaunerei ist stets auch ein Gedanke dabei –
ein Philosoph, das Wunderding, dabei zu Werke ging,
er sah die Philanthropgeschichte in einem völlig andern Lichte,
er wollte, und für beide Seiten, einen Sinn erstreiten,
natürlich in Gedanken, und ohne die bekannten Schranken –
nun wird man, wenn kausal gesehn,
das Ei und auch das Huhn verstehn:
schnell wird das ‚Mis‘ ins ‚Doktor Phil.‘ verwandelt
und bald als Philanthrop gehandelt,
es kommt stets auf den Blickpunkt an,
ob man mit was verhandeln kann –
ein Miss-Stand ist sehr schnell geklärt,
wenn man ihn nur gedacht erfährt –
es wäre Blasphemie, wenn man nicht einem Denker verzieh,
denn auch ein Gott, wenn man ihn recht verstanden,
ist vorher als Idee vorhanden,
nur dass dieselbe, was wohl klar, stets rein und göttlich war –
das Denken, das sich über sich Gedanken macht,
ist wohldurchdacht,
doch ist derlei Gestalten nur einem Gotte vorbehalten,
womit er misst, wie tief uns sein Gedanke ist.

159

Die Strecke

Die Straßenbahn fuhr leis' und sachte an,
kaum, dass man sich der Fahrt entsann,
ein Schienenpaar ihr dabei dienlich war –
schienlich dienlich – dienlich schienlich,
links und rechts – doch gleichen Geschlechts –
Zieloberst hing ein Plan,
nach dem man sich hier richten kann,
man richtet, wenn man sich verpflichtet,
dem Plan ist wohlgetan –
ein Fahrzeug, wenn auf Schienen,
muss einem Plane dienen,
die Zeiten wollen einen Plan bereiten,
und auf den Punkt genau
beginnt die Abfahrtsschau –
ein Gast, der drinnen saß,
fuhr mit der Bahn der Straß'
aus einem ganz bestimmten Grunde:
wohlleitig einer Stunde, minutig und auf die Sekunde,
ein Inspizient, der alle Zeiten kennt
aus einem Plan, den er sich vorbenahm,
und Linientreue, an der man sich als Bahn erfreue –
zwei Schienen, beiderseits, kennt man bereits
als Wohlverfahren noch vom Aufbewahren –
auch im Depot war man auf Schienen froh,
auch was der Ruhe dient, tut das geschient
im rechten Gleise und auf seine Weise –
die Oberleitung zeigt in ihrer Zubereitung
der Fahrt die Strecke an,
die fort-gesetzt sich daran halten kann –
der Draht, als Dialog, um jede Ecke bog,
ihm lag daran, dass er sich dabei selbst gewann
auf der Gewinnerliste dieser Straßenpiste,
die Pflicht geriet ihm hier zur Sicht –
Sicht-weise geht solch ein Draht auf eine Reise,

160

und energiebeflissen hat er sich kennen müssen,
als Applikatur auf einer heißen Spur –
nun spurenreichlich unausweichlich
kam dieser Zug, der ein Vermächtnis trug,
aus dem Depot gefahren,
nach langen stillgelegten Jahren,
denn eine Strecke bot sich an,
auf der man fahren kann,
schon vorgeahnt, weil vorher eingeplant
als die Gewähr und festgelegt für den Verkehr,
und Öffnungszeiten,
die an ganz bestimmten Stellen sich dazugesellen
und nun an dieser Strecke liegen
für diese, die dazu gestiegen,
denn eine Bahn, die auf der Straße fuhr,
kennt nicht *allein* sich nur:
erwartungsvoll den aufgestellten Blicken,
muss sie sich auf die Reise schicken –
ein Zug, der nicht entgleist, ist meist verreist,
solang er nicht bei seinen Anverwandten im Depot gestanden –
wie wundersam, wenn er auf einer Strecke kam,
die man ihm wohlgeleitet vorbereitet
aus Schienen unten und auch dem,
das sich darüber noch befunden –
so fährt der Zug, erwacht ins Heute,
für seine eingestiegnen Leute
auf einer schon bewährten Strecke und biegt um jede Ecke,
die einem Plane nah, der sich damit versah,
wohl-weißlich blau, damit er seinem Himmel trau' –
am Abend dann gehn in dem Zug die Lichter an,
die Nacht, aus Dunkel zubereitet,
nun seinen Weg begleitet,
und noch ein letztes Mal
fährt er auf den Geleisen schmal
und sucht im Irgendwo nach dem Depot
als Abschluss seiner Reise, die er auf seine Weise
und einem vorgedachten Plan

für sich und seine Welt getan –
noch lange man die Strecke sah,
wie sie der ob'ren Leitung nah
nur dass in diesem Raume, der dazwischen liegt,
nun niemand mehr um eine Ecke biegt.

---

zweckgebunden

Die Bekehrung sprach von Verehrung,
was sich verehrt, ist meist bekehrt –
distinguiert man sich berührt,
sich überwindet,
wer Heimat in sich selber findet,
solch Fundbüro ist meist nicht anderswo,
was man an *sich* gefunden,
bereitet uns die Stunden,
es ist sich zeitlich nah,
was an sich selbst geschah –
so wird man zweckgebunden
stets durch sich selbst geschunden,
die Reife sich darauf versteife –
protagonistisch mystisch,
geheimnisvoll umweht
man so auf einer Bühne steht,
es ist des Standes Eigen,
sich in der Welt zu zeigen.

---

eingeglichen

Man nehme, wenn man sich zu sich bequeme,
aus seiner Rezeptur die eigne Spur,
denn wenn man angefangen,
ist man sich meist vorausgegangen,
so zum Beweise einer früh'ren Reise,
denn das Gestalten
hat meistens mit sich Schritt gehalten –
ein Fuß stellt sich ein Maß zum Gruß,
ein Herr von neulich
fand dieses Maß erfreulich,
denn leicht man so erfährt,
dass man noch wo dazugehört –
wie wunderbar,
wenn man als Gleicher dann auch noch derselbe war –
ein Baum, der seine Wurzeln zweigt,
ist auch der Krone zugeneigt,
so macht er sich als Standpunkt klar,
dass da noch etwas andres war,
dem man so dann und wann
auch mal vertrauen kann.

Mimikry

Ein Vogel, dieser kleine Bengel, glich einem Engel,
die Mimikry ihm dieses Bild verlieh,
man gleicht sich gerne ein, will man ein Engel sein –
so dann und wann hat mancher mal zwei Flügel dran,
was ihn dann reizt, dass er sie spreizt –
das Hoch-und-runter hält einen Flügel munter,
in dieser Richtung erfüllt er die Verpflichtung
als Applikation von seinem Ich- musst-es-schon –
der Raum, wenn er mit Luft gefüllt,
ist es, der einen Flügel stillt,
denn die Erfahrung zeigt uns die Auf-Bewahrung –
ein Element ist das, was man davon erkennt,
nicht immer, das ist klar, man davon auch be-geistert war,
was denn beweist, dass solch ein Geist verreist –
nicht alles, was sich offenbart, wird räumlich aufbewahrt,
es kommt stets auf den Blickpunkt an,
ob man davon was sehen kann.

Das Auge

„Wir woll'n mal sehen", so sprach das Sehen zum Wollen,
ich glaub, es hat das Wollen sollen,
damit der Wille sich am Wollen stille –
das Auge, eh' es sich ver-sah, war dieser Stille nah
und hat, man wird verstehn, sich dabei selbst gesehn –
wie wunderbar, wenn man als Auge sehend war –
der Blick, der sich nach innen richtet, wird umgedichtet,
jedoch, der Inhalt bleibt, wenn er sich selbst beschreibt –
der Wortlaut deutet an, was sich in ihm ersann:
was sich gezeugt, das ist sich zugeneigt,
denn Zeugenschaft tritt an sich selbst in Kraft –
man schau sich dieses Werk-Zeug an,
und was man davon halten kann.

Subventionen

„Die Seligkeit hat ihren Preis",
sprach eine Seele, als sie auf der Reis' –
manch Subventionen in einer Seele wohnen,
nicht immer auf der Reis' die Seele darum weiß,
sie folgt dem dunkel aufgestauten Zwange
und manchmal wird ihr dabei bange –
die Rolle, die zu einem Schlüssel führt,
sich oft in einer Dunkelheit verliert,
die Finsternis auf Zeit hält mancherlei davon bereit –
der Mythos, der davon erzählt, ist dafür ausgewählt,
denn seines Zeichens Treu erfährt man so aufs neu –
ein Rat, der sich erriet, sich selbst in neuem Licht besieht,
auf sich bezogen ist er sich so gewogen –
es sei ihm hier gewährt, was er dabei erfährt.

165

Der Richter

„Ich kenne mich", sprach einst ein Nenne-dich –
so ward genannt, was sich gekannt –
der Ruf erscholl, weil er sich rufen soll,
ein Echo ist bestrebt, dass man es auch erlebt,
der Rufer in der Nacht ist einem Echo zugedacht –
dem Dunkel wird gewahr, dass es das Licht gebar,
weil sichtbar wird, was sich dorthin verirrt –
re-generativ man sich als Dunkel rief
und überall stimmt ein, was ihm gemein –
die Antwort, wenn beantwortbar,
nimmt sich als Stimme wahr –
dem allen wäre beizupflichten,
um sich daran zu richten –
wie wunderbar, wenn man sein eigner Richter war –
so jedenfalls sah es ein Ebenfalls,
das kam als Sekretär von nebenher –
zumeist ist man als Sekretär verreist,
doch nun wird klar, was da in einer Nähe war
und aufbereitet einen Weg beschreitet.

---

spekulativ

Die Börse hatte mit sich Krach gehabt,
als sie sich an sich selbst gelabt –
die Spekulanten das nicht sehr lustig fanden,
man war als Zahlemann und Söhne
nicht freudvoll über diese Töne
und rief sogleich dies Urteil über den großen Teich,
und auch dort drüben
fand man die Sache nicht nur zum Verlieben –
so geht's der Liebe oft: – man liebt nur das, was man erhofft,
und jedes Mal betont man das in einem Wartesaal
wo sich, mit andern Blinden, die Gleichgesinnten finden –
das jedenfalls betonte ein Herr Gänsehals,
der bei der Mästerei schon lang dabei.

Die Zäsur

Anachronistisch, wenn gesehn, wird man die Zeit verstehn –
es stört, wenn etwas nicht dazugehört –
der Zeitpunkt hält als Punkt auf Zeit sich als Zäsur bereit,
ein Widerspruch, der sich beteuert,
wird oftmals zeitlich angeheuert –
ein nichtverstand'ner Pegel stört oft die Regel,
der Stand der Dinge sich so zuwege bringe,
was aus der Ordnung fällt, bestreitet den Bestand der Welt,
so sich vergleichbar macht, was sich als Welt gedacht –
der Zeit-Punkt in der Zeit ist der Bericht der Ewigkeit,
doch als *Zäsur* erkennt man diesen nur.

167

Geträumtes Lied

„Wo nehm' ich mich nun her?",
sprach einst die Zeit im Selbstverkehr,
so ehrlich – selbstverkehrlich,
denn der, den sie jetzt rief,
lag einfach da und schlief,
ein schlafend Wagnis – ein wagend Schlafnis –
und überhaupt – der Bursche schien sich selbst geraubt,
so ungeglaubt – –
jedoch, was da so lag, so weggeräumt,
war etwas, das im Traum von sich geträumt,
ein Traum, der träumte, dass er selbst ein Traum,
ein Traum im Traum, als die geträumte Wirklichkeit,
wie ein Erwachen vor dem Tor der Zeit,
ein Außersich als Innerlich,
das sich nur mit sich selbst verglich,
so zeitenfern und selber gern –
noch immer rief die Zeit nach den, der schlief,
ein Ziffernrund vor einem traumverträumten Mund –
doch dann, in einer Morgenfrühe,
nach lang gerufner Zeitenmühe,
war er erwacht als der,
den er sich zugedacht –
ein Spiel, so mitgespielt
als das, was man von sich erhielt.

Des Rätsels Lösung?

Es hatte ein Geheimnis sich verraten,
um sich nicht selbst zu schaden –
die Arme ausgebreitet, sah man es allen zubereitet,
das Rätsel als des Rätsels Lösung,
als Nadel im Bereich der Ösung –
und allen, die es jetzt umstanden,
war es als Inbegriff von seiner selbst vorhanden –
doch blieb sein Rätselwort ein Rätsel immerfort,
und alle fanden, es hätt´ nur ihm alleine zugestanden,
obwohl es gut gepflegt als sein Geständnis abgelegt –
„Wer mag das sein – wo kommt der her,
was redet der im Grenzverkehr?" –
so oder ähnlich machte es die Runde
von seiner nichtverstand'nen Kunde –
ich glaub´, nur einer war vorhanden,
der dies Geheimnis ganz verstanden,
als hätte er daraus sich selbst gelernt,
hat er sich schweigend diesem Ort entfernt –
ein Rätsel, wenn es seiner sich entsann,
fängt als ein völlig Neues an –
wie wunderbar, wenn man sich selbst ein Rätsel war.

---

definitiv

Man hält, was man verspricht,
verspricht man, was man von sich hält –
was man versteht, geschieht als Welt,
dem Unverstandenen, doch noch Vorhandenen,
wird reserviert sich vorgeführt –
der Abstand wird gehalten von solcherlei Gestalten,
nicht alles hat Vergnügen gemacht, was einem zugedacht,
denn zugedachtes Denken will sich einem Kopfe schenken,
die Kapazität man so viel besser versteht –
Gehirn als Masse zeigt nur wenig Gesicht:
kein Sonnenstrahl erzählt vom Licht,
und unverstanden wär' es uns kaum vorhanden –
reines Denken wäre nicht imstande uns ein Bild zu schenken,
die Ansicht zeigt uns klar, dass das nicht immer üblich war –
man reflektiert, was sich als Bild verliert,
doch erst das Denken zeigt sich bereit,
uns dieses auch zu schenken –
was uns das Bild erst macht, ist das, was man hineingedacht,
so dass sich eins im anderen bedingt,
wenn es sein Liedchen singt –
nichts wär' uns nah, wär' es nicht schon gedanklich da –
das Wechselspiel hält vom Gedanken viel,
und progressiv es sich darauf berief
als Regression in sein Wir-wussten-es-schon.

Die Rede

Die Rede war auf *sich* gekommen,
als sie das Wort vernommen –
der An-Spruch, wenn er sich erhebt,
durch eine Rede lebt –
der Anspruch, das ist klar,
sich ausgesprochen dienlich war,
denn nur das Wort bezeugt den Ort
und macht uns diesen endlich auch verständlich –
wort-wörtlich zeigt sich der Ort erst örtlich für den,
der dabei sieht,
dass etwas sich darauf bezieht,
denn solch Bezugs-System
ist einem Seher angenehm –
manch einer hat die Welt hintangestellt,
er fand sich angewidert,
als sie sich angebiedert –
die Welt, kommt sie als Biedermann,
fühlt sich oft lästig an,
nicht jedem ist gleich klar,
dass er daran beteiligt war –
ein Auge, das sich *daran* misst,
sieht nur, was davon sichtbar ist.

Einer Mitte zu

Es hatte sich ein Lächeln zu Gesicht bekommen
und sich dort einen Platz genommen,
zart ausgebreitet und sich zubereitet,
so wohlbeachtet und betrachtet –
hat man ein *Auge* jemals lächelnd gesehen? –
das Auge, wie ein blauer See,
umrandet eingeufert seine Näh',
geheimnisvoll in seiner Stille,
als Ruhepunkt Unendlichkeit in seiner Fülle,
pupillenschwarz – ganz gleich, von welcher Farbe es erzählt –
ein Außen – drum und angequält,
als läge es an seiner Pflege, weil die an ihrem Auge läge –
wildwassergleich und spannungsreich,
fachlich sachlich – geschrägt und dachlich,
Bestrebung einer Mitte zu – ein Augenbad in Augenruh,
wie Sandelholz, das innen brennt, wenn es sich duftend nennt –
Gelegenheit, die zu sich selbst bereit,
ein Ehepaar, geeint vor einem Traualtar,
wie Tafelsilber, das besteckt und ausgereckt
verneigt sich vorgezeigt –
Begierde einer Zierde,
rechtschaffen gut und vor sich selber auf der Hut,
orgiastisch raumversilbernd Strafe mildernd –
Durchsichtigkeit, auf einen Grund gespannt,
blickheiternd durchgesannt.

Auf den Punkt gebracht

„Woll'n wir mal wieder?", so sprach der Mai zum Flieder –
es scheint wo hergerührt, was man im Munde führt,
was zu vermelden, will etwas gelten –
es sprach der Mai: „Will sehen, was das Leben sei" –
Hohlspiegel bündelt seine Strahlen,
um sich auf einen Punkt zu malen –
so trägt sich manche Gabe als Konzentrat zu Grabe,
und kaum erfuhr von diesem Bilde man die Spur –
man schau sich den Gesichtspunkt an
und was so nebenbei noch dran,
erst die Vergröß'rung zeigt, wem dieser zugeneigt,
man hat oft erst nach Jahren davon erfahren –
die Gegenwart als Welt manch einen Punkt verstellt –
das wäre zu beachten, will man die Welt betrachten.

---

rationell

Das Wirkliche und Wahrhaftige ist einer Frucht das Saftige –
wer das als Frucht erfährt, hat etwas läuten gehört –
die Operation gilt als gelungen, hat sie vom Saft gesungen,
denn rationell ist man zur Stell'.

173

Selbst

Es wäre eine Frage der Zeit, die Zeit in Frage zu stellen:
Licht würde sich an sich selbst erhellen –
die Trägheit hätte ihr Gesetz verloren –
Erinnern läg' sich selber in den Ohren –
verpflichtet sich alles gestiftet –
das Wetter als Fahne, damit es etwas von sich ahne –
der Brunnen und sein Spring als ein Gebrüder-Ding –
die Fahrt als Gast auf einem Schiff –
die Taubheit im Gestein als Riff –
der Segen nur zu sich selber zu bewegen –
die Null als Zahl sich selbst zur Qual –
der Apfel am Gestirne als Leben einer Birne –
der Blume Ach in einem Handschuhfach –
geringfügig nur der Unterschied,
wenn man ihn aus der Ferne sieht –
anmahnend sich genug der Selbstbetrug –
als seines Zeichens einer auf ewig seiner –
als Bitte auf dem Weg zur Mitte –
als Verspäten um Verständnis gebeten –
als haariger Befehl auf einer Glatze,
die Suche als Beweggrund einem Schatze –
der Brief auf einer Waage, damit er seinen Preis be-trage –
die Strategie von einem, den andre meinen –
als Glückwunschschreiben sich die Zeit vertreiben,
woran man sieht, wie einem geschieht –
nichts anderes mehr übrig geblieben,
als zeitlos nur sich selbst zu lieben –
die Art man erst erkennt am rechten Medikament.

---

hintergründig

Wer gut geschult, der übt sich in Geduld,
weil Schule macht, was in Geduld gedacht –
Geduld kennt keine Schuld,
die Schuld, wenn sie be-scheinigt,
wird in Geduld gereinigt –
der Vor-Schrift ist Genüge getan,
kommt sie bescheinigt an,
denn später ist dann nachzulesen,
dass man dabei gewesen –
als Hintergrundgeschehen
ist man für manches vor-gesehen –
ein Pro, wenn jektoriert,
sich nicht im Nichts verliert,
es wäre ihm nicht eigen,
sich nicht zu zeigen,
denn all-ent-halben
muss man als Gletscher kalben,
wodurch sich denn beweist,
dass man die Wasser preist.

---

flüchtig

Die Fluchterscheinung war ganz besondrer Meinung –
nachgerade ist sich die Linie nicht zu schade,
es heißt, dass sich die Strecke so beweist –
was ausgestreckt, wird oft als Flucht entdeckt,
von dieser Warte aus führt oft ein Weg nach Haus,
doch mühsam strebt der Mann,
kommt er als Fluchterscheinung an.

Subvention

Glieder-innig – Ketten-sinnig –
Glied an Glied sie sich die Welt besieht,
es schaut sich lustig an, was man von dieser halten kann,
sie ist gedacht, dass sie sich haltbar macht –
es regt sich an, was sich erregen kann,
wodurch sich dann beweist, dass man verreist –
das Opfer, wenn gebracht, sich selbst verlacht,
des weiteren im Heiteren,
als Fairness auf Bewährnis –
es ist schon so, dass es so ist:
wer sich nicht kennt, sich leicht vermisst,
es wäre vermessen, hätt' man sich nicht besessen –
Einst ein Herr Frankenstein wollt gern der andre sein:
oft ist verzwickelt, was man entwickelt,
auf höherer Ebene ist's das Gegebene,
die Gabe erscheint mit viel Gehabe,
vor allem, wenn man darum weiß auf seiner Reis' –
Herr Musst-ich fand das sehr lustig,
was sich erheitert, sich auch erweitert,
es liegt in der Natur der Sache,
dass man sie sich natürlich mache –
sobald erscheint figürlich die Gestalt
als Subvention von einem Ich-wusst-es-schon –
die Handlung als Begriff zeigt sich mit Pfiff –
der Mund, wenn zugespitzt, vor einer Zunge sitzt,
die Basis sich erhellt an dem, was ihr gefällt –
der Grund besucht oft einen Mund,
der sei auf solchen Gast gefasst,
oft ist verfehlt, was einen Mund gequält –
das liegt nun mal so in der Qual der Wahl:
gründlich mündlich – die Uhr erfährt sich stündlich,
erst am Segment das Ganze sich erkennt –
den Globus zu verstehen, muss man ihn als Gestalt besehen,
der Ab-Stand ist verwandt mit dem, was er erkannt –

der An-Stand macht im Wortverkehr auch etwas von sich her,
macht er erst etwas von sich hin,
zeigt sich der größere Gewinn –
so leicht man sich erreicht,
denn das Erreichen setzt ganz besondere Zeichen,
das liegt in der Natur der eignen Spur –
natürlich spürlich wird man ausführlich,
was denn beweist, man war verreist.

Der Zeuge

Rund um die Uhr auf einer Zeigerspur –
ein Zeiger, der sich selbst versteht, wirkt etwas überdreht –
wohlan, ein Zeiger sich das leisten kann,
solang er sich noch dreht um das, was er von sich versteht –
das Werkzeug und das Werk, geeint zu einem Zauberberg,
dem ablesbar, was von ihm zeitlich war –
der Zeiger sich um eine Mitte dreht,
die sich als Mittel-Punkt versteht –
der Punkt als Mittel – die Stille als erwacht,
so hat das Werk als Zeuge sich gedacht –
nichts wirkt mehr überdreht, das man versteht.

---

gespeichert

„Das gibt's doch nicht, dass es das Nichts nicht gibt" –
die Schraube ohne Ende daran Gefallen fände,
endlos geschraubt ist einem Kreis erlaubt –
artengerecht kommt man der Art nicht schlecht,
wer daran glaubt ist gut geschraubt –
die Lieblingsfrage ist meist die, die man sich selber frage:
es spricht für sich, wenn etwas für sich spricht
vom Selberfragen und Sichselbersagen –
man hat viel Auf-hebens gemacht
von dem, was man sich zu-gedacht,
gespeichert hat man sich an-gereichert –
es reicht, wenn man sich mit sich selbst vergleicht,
in Wonnestunden hat man sich selbst gefunden –
man ist als Jetzt sich stets zum Ziel gesetzt
und sitzt als Später-mal in einem Wartesaal
mit einer Rose als Erkennungszeichen,
um sich dem Sucher zu be-gleichen –
wie wunderbar, wenn man der Sucher selber war.

Das Zeit-Mahl

Am liebsten frisch bringt man das Zeit-Mahl auf den Tisch,
man hat die Mahlzeit schnell vergessen,
wenn man sie frisch gegessen,
schnell wird besiegt, was uns nicht lang im Magen liegt –
die Zeit möcht' gern als Leckerbissen einen Magen küssen,
denn man ist eingenommen
von dem, was grade recht gekommen –
ein Gastmahl wird vollendet,
wenn es sich in der Zeit verwendet,
man hat sich recht besessen,
wenn man sich zeitlich aufgegessen –
lukullisch ist das Mahl von einem Es-war-einmal –
das jüngste Gericht verdaut sich nicht durch Verzicht.

---

metamorphystisch

Damit man sich gekonnt beende,
bezieht man einstmals eine Rente –
es hat sich stets bezahlt gemacht,
wenn man sich lebenslang wo zugebracht,
das Leben hält mit Pünktlichkeit
zuständlich sich dazu bereit –
was lange Zeit im Dunkel lag,
beleuchtet dann ein neuer Tag –
noch keiner hat die Zeit verschlafen
von denen, die sich dorten trafen,
und oftmals war man sehr geschreckt,
als man gewaltsam aufgeweckt –
um diesen Schreckstoß zu vermeiden,
bedenke man das Ende schon beizeiten,
die Sonne, wenn sie untergeht
uns etwas dazu eingesteht:
dass nach dem Dunkel einer Nacht
baldigst ein neuer Tag erwacht.

Epilog

Die Liebe

Die Liebe hat im Ergebnis nur sich selbst:
als geschöpfter Brunnen überfließt sie sich –
vorurteilsfrei steht sie sich bei wie Wasser,
das das Meer unaustrinkbar findet
in der Suche nach sich selbst,
und wie eine Geschichte, die nur sich selbst erzählt,
vermählt vor dem Traualtar Gottes –
ein Märchen, das so endet,
wie es sich als Überschrift begann –
und immer wird ein Mund sich finden,
der es sein Eigen nennt,
der es erzählt, um sich geeint zu überwinden.

Inhaltsverzeichnis